Beck'sche Reihe
BsR 840

Die Schweiz: Mehrsprachenstaat, Touristenland, Steuerparadies. War Wilhelm Tell am Anfang der Schweiz – oder die Sintflut? Weshalb zieht es Deutsche und Deutschschweizer in die „Sonnenstube" Tessin? Ist die rätoromanische Sprache vom Tode bedroht? Wie füllen sich die Banktresore im steinreichen Alpenland? Wozu die Schweizergarde im Vatikan? Welchen Einfluß haben katholische Traditionalisten im Lande Zwinglis und Calvins? Dieses Buch zeigt Gründe und Hintergründe für die Sonderstellung des erstaunlichen Kleinstaats Schweiz, Brücke und Bollwerk im Herzen Europas.

*Marcel Schwander,* geb. 1929 in Netstal (Glarus) als Bürger von Lyss (Bern), wirkt seit über zwei Jahrzehnten als Westschweiz-Korrespondent des Zürcher ‚Tages-Anzeigers'. Er hat rund zwanzig Werke der Westschweizer Literatur aus dem Französischen ins Deutsche übersetzt und ist Autor mindestens ebensovieler Bücher. Ihm wurden zahlreiche Ehrungen zuteil, so der Berner Staatspreis 1986, der internationale Jugendbuchpreis 1986, die Silbermedaille der Buchmesse Leipzig 1988. Marcel Schwander lebt in Lausanne.

MARCEL SCHWANDER

# Schweiz

VERLAG C.H.BECK MÜNCHEN

Mit 21 Abbildungen und 7 Graphiken und 5 Karten
Verlag und Autor danken dem Dokumentationsdienst
‚Tages-Anzeiger' Zürich (Leitung: Otto Dudle)
für aktuelle Recherchen,
ebenso der Schweizerischen Verkehrszentrale in München
für die Bereitstellung von Fotos.

CIP-Titelaufnahme der Deutschen Bibliothek

*Schwander, Marcel:*
Die Schweiz / Marcel Schwander. – Orig.-Ausg. –
München : Beck, 1991
  (Beck'sche Reihe ; 840 : Aktuelle Länderkunden)
  ISBN 3-406-33186-6

NE: GT

Originalausgabe
ISBN 3 406 33186 6

Einbandentwurf von Uwe Göbel, München
Umschlagbild: Thunersee. Foto von Heinz Hebeisen, Madrid.
© C. H. Beck'sche Verlagsbuchhandlung (Oscar Beck), München 1991
Gesamtherstellung: Appl, Wemding
Printed in Germany

# Inhalt

Vorwort . . . . . . . . . . . . . . . . . . . . . . . . 7

## 1. Das Land in den Bergen . . . . . . . . . . . . . . . 9

Brücke und Bollwerk 10 – Vielfalt der Kraftfelder 15 – Tell und die Folgen 18 – Am Anfang die Sintflut? 20 – Die ersten „Schweizer" 24 – Hochwasser im Seeland 25 – Sommer und Winter zur selben Zeit 27 – Kontinentalwasserscheide 31 – Zorro der Umwelt 32 – Die Landschaftszerstörung geht weiter 34

## 2. Die mehrsprachige Schweiz . . . . . . . . . . . . . . 37

Schwyzerdütsch: fünfte Nationalsprache? 37 – Deutsch und Welsch 39 – Sprachgrenzen und Kulturgrenzen 41 – Sprachen und Politik 42 – Woher die Mehrsprachigkeit? 44 – Die Westschweiz spricht anders als Paris 50 – Vielfalt der Romandie 52 – Territorialprinzip in Gefahr? 56 – Orselina spricht deutsch 58 – Rätoromanisch – eine sterbende Sprache? 59 – Sprachen als geistige Ökosysteme 61 – Kulturaustausch 62

## 3. Katholiken und Protestanten . . . . . . . . . . . . . 64

Werk des Teufels? 64 – Bischofsweihen in Ecône 66 – Kirche und Demokratie 67 – Umstrittene Bischofsweihe in Chur 69 – Christentum in Helvetien 72 – Humanismus und Reformation 74 – Zwingli und Calvin 76 – Gott und das Geld 77 – Religionskriege und Kulturkampf 79

## 4. Bund und Kantone . . . . . . . . . . . . . . . . . . 83

Entstehung des Jurakonflikts 83 – Ein neuer Kanton 85 – Vom Staatenbund zum Bundesstaat 88 – Bern: Aristokraten und Bauern 94 – Zürich: Weltstadt im Kleinstaat 98 – Urschweiz: Rund um den Vierwaldstättersee 101 – Land der Kuhköniginnen: das Wallis 103 – Von Mostindien nach Solothurn 106 – Tessin: Sonnenstube mit Schattenseiten 108 – Genf ist eine Insel 110

5. Staat und Armee . . . . . . . . . . . . . . . . . . . . 112

> Verteilung der Macht 114 – Die Zauberformel 114 – Lausanne und Straßburg 116 – Blutige Schlachten 117 – Landsknechte und Schweizergarden 120 – Die beiden Weltkriege 126 – Hoher Eintrittspreis 128 – Polizei- und Schnüffelstaat 130

6. Wirtschaftswunder mit Problemen . . . . . . . . . . . 133

> Pizza- und Libanon-Connection 133 – Wirtschafts- und Bankenskandale 135 – Umstrittenes Bankgeheimnis 137 – Kein Erdöl, dafür Ideen 138 – ‚Hexenwerk' aus dem Hochjura 141 – Uhren, Textilien, Maschinen 142 – Krise, Krieg und Wirtschaftswunder 145 – Hirtenvolk im Computerzeitalter 148 – Über eine Million Ausländer 152 – Nutzen oder Nachteil? 153 – Asylland Schweiz 156

7. Die Schweiz und die Welt . . . . . . . . . . . . . . . 158

> Interview mit Jean-Jacques Rousseau 158 – Die Literatur der Schweiz 163 – Tinguely in Moskau 167 – Eine dritte Eidgenossenschaft? 169 – Die Schweiz muß umdenken 170 – Die Schweiz ist keine Insel 172

Zeittafel . . . . . . . . . . . . . . . . . . . . . . . . . . 174

Statistiken und Karten . . . . . . . . . . . . . . . . . . 178

Literaturhinweise . . . . . . . . . . . . . . . . . . . . . 192

# Vorwort

Namen wie Sächsische, Holsteinische oder Fränkische Schweiz erinnern an ein Land in den Alpen, das lange als Vorbild landschaftlicher Schönheit galt: die Schweiz. Vielleicht finden sich darin Charakterzüge auch von Sachsen oder Holstein, jedenfalls umfaßt die Schweiz französische, italienische und deutsche Gebiete, die nicht zu großen europäischen Nationalstaaten gehören, sondern zu einer ‚politischen Willensnation', in der Reisende bald Spitzbergen, bald das Mittelmeer zu entdecken glauben: Die Schweiz ist ein Europa, ja eine UNO im kleinen.

Die Urzelle der Eidgenossenschaft entstand vor 700 Jahren: Anfang August 1291, der Überlieferung nach auf der Rütliwiese am Vierwaldstättersee. Die Leute von Uri, Schwyz und Unterwalden erneuerten ein früheres Schutz- und Trutzbündnis. Sie wollten keine Adelsdynastie als Herrscher, sondern unter der Oberhoheit der römisch-deutschen Kaiser sich selbst regieren, reichsunmittelbar sein: direkt-europäisch. Die Eidgenossenschaft wuchs nicht durch strategische Eheschließungen und dynastische Erbhändel, sondern vor allem durch den Zusammenschluß freier Talschaften und Städte, die sich schrittweise aus dem Reichsverband lösten und noch im letzten Jahrhundert ein republikanisches Bollwerk inmitten von Monarchien bildeten. Seit je baute die Schweiz aber auch Brücken zwischen den Kulturen Europas.

Die letzten Jahre haben das Land zutiefst erschüttert: Skandale um die peinliche Überwachung der Bürger, um Drogenaffären und Geldwäscherei der Banken führten die Schweiz an den Rand einer Staatskrise. In einer Zeit des Umbruchs sucht sie zögernd nach einer neuen Zuwendung zu Europa.

Das Buch will einige Entwicklungen festhalten und Ursachen ergründen; es erhebt keinen Anspruch auf Vollständigkeit und spiegelt oft persönliche Ansichten des Autors. Er möchte den Leser zu eigenem Erleben anregen und Interesse wecken für das faszinierende Abenteuer Schweiz.

Dezember 1990                                         *Marcel Schwander*

# 1. Das Land in den Bergen

Tief im Berg, unter tausend Metern Granit, hallte am 4. September 1980 die Ouverture zu Rossinis *Wilhelm Tell* wider: Regierungsvertreter der Eidgenossenschaft und der Kantone Uri und Tessin eröffneten den 16,9 Kilometer langen Gotthard-Straßentunnel, damals der längste der Welt. Er bildet das Kernstück der Autobahn N 2 Basel-Chiasso, die Deutschland mit Italien verbindet. „Ein gigantisches Jahrhundertwerk", rühmte der Urner Baudirektor Josef Brücker, „ein völkerverbindender Beitrag zur Beseitigung von Chaos und Unfrieden", hoffte der Bischof von Lugano, und der Tessiner Staatsrat Ugo Sadis verlangte bereits nach einer zweiten Tunnelröhre, da der neue Straßendurchstich einen Engpaß auf der Nord-Süd-Achse bilde.

Die Begeisterung hielt nicht lange an; kein Anwohner wünscht heute eine zweite Tunnelröhre. „Sie brächte noch mehr Verkehr", sagt Brücker. Alljährlich rollen fünf Millionen Motorfahrzeuge durch den Gotthard, bis zu 30 000 an einem Tag. Die Menschen im Reuß- und Tessintal klagen über Lärm und verschmutzte Luft; es sterben Bannwälder, die bisher die Bergwälder und Weiler von Lawinen, Erdrutschen und Überschwemmungen schützten. Verkehrspolitiker möchten den Schwerverkehr von der Straße auf die Bahn verlegen.

Im Mai 1882 war der erste Dampfzug durch den 15 Kilometer langen Eisenbahntunnel gefahren, den Deutschland und Italien mitfinanziert hatten. Im Vorjahr hatte die Pferdepost noch über 58 000 Reisende über den 2108 Meter hohen Gotthardpaß befördert. Mit der Bahn verhundertfachten sich die Passagierzahlen.

## Brücke und Bollwerk

Vom Gotthardmassiv strömen Flüsse in die vier Himmelsrichtungen: Reuß und Rhein nach Deutschland, der Tessin nach Italien, der Rotten (so heißt die Rhone im Oberwallis) nach Frankreich; und im Engadin durchfließt der Inn rätoromanisches Land. Die Schweiz ist Europas Wasserschloß und Herzland; den vier Stromgebieten entsprechen vier Sprachgebiete und vier von allen Seiten beeinflußte Klimaregionen. Der Botaniker Walter Rytz fand am Gotthard Pflanzenarten aus allen Gegenden Europas: „Hier treten nordalpine Vertreter solchen aus den Südalpen gegenüber, westalpine Arten werden von ostalpinen abgelöst." So bestätigt auch die Botanik, was der schweizerische Literaturnobelpreisträger Carl Spitteler vom Gotthard schrieb: „Man weiß sich hier mehr in Europa als überall sonst."

Im Gotthardmassiv treten die Alpenketten eng zusammen und bieten den kürzesten Nord-Süd-Durchgang durch das Hochgebirge. Die Alpenpässe bilden hier ein Kreuz: Zum Gotthard führen von Osten der Oberalp- und von Westen der Furka-Paß. Hinter den Felswänden verstecken sich auch die mächtigsten Festungswerke der Schweizer Armee. Der Gotthard ist Brücke und Bollwerk zugleich – Symbol für Wesen, Werden und Wachsen der Schweiz: Hier bildete sich im römisch-deutschen Reich des 13. Jahrhunderts die Urzelle der Eidgenossenschaft, der „alte große Bund in oberdeutschen Landen".

Das Reich war ein Jahrhundert nach der Teilung des Karolingerreichs (843) entstanden, in dem Karl der Große die Erneuerung des Römerreichs versucht hatte. Im Jahre 962 zog der deutsche König Otto I., in zweiter Ehe mit der burgundischen (westschweizerischen) Königstochter Adelheid verheiratet, nach Rom, wo ihn der Papst zum Kaiser krönte. Das neue Römische Reich, später als ‚heilig' und schließlich als Heiliges Römisches Reich Deutscher Nation bezeichnet, bestand bis 1806. Es war römisch in Erinnerung an das große Vorbild,

*Großer St. Bernhard*

heilig, weil es die Rechtsordnung und besonders die christliche Kirche zu schützen hatte, deutsch, weil Deutschland den Herrscher stellte. Im Gegensatz zu Frankreich, dem westlichen Teil des karolingischen Frankenreichs, mit straffer Zentralgewalt und einem starken König, war das römisch-deutsche Reich locker gegliedert (Zentralismus bezeichnet bis heute die französische, Regionalismus die deutsche und schweizerische Kultur). Es vereinigte Deutschland (mit dem Gebiet der heutigen Schweiz) und ‚Reichsitalien' nördlich von Rom.

So bekamen die Alpenpässe eine bisher nie gekannte Bedeutung, und die Landschaften, durch die sie führten, erhielten höheren Wert; ihre Bewohner errangen sich Privilegien. Der Brenner, die Bündner Pässe, der Große Sankt Bernhard und der Mont Cenis waren spätestens seit der Römerzeit wichtige Handelswege. Erst im 13. Jahrhundert erschlossen die Leute des kleinen Landes Uri im oberen Reußtal den Gotthard. In der Schöllenen, bis dahin ein unüberwindliches Hindernis, befestigten sie an den Wänden längs der Schlucht den ‚stiebenden Steg'. (Die Technik des Brückenbaus entlang dem glatten Fels kannten die zugewanderten Walser aus dem Wallis: Dort führen bis heute Bewässerungskanäle – 2000 Kilometer, das entspricht der Entfernung Schweiz-Moskau! – streckenweise über ‚hängende Stege'.) Der Paß mit dem kürzesten Weg zwischen dem deutschen und dem italienischen Reichsteil sicherte den Säumergenossenschaften Weggelder, die dem weiteren Ausbau dienten. Fortan reisten die von den Kurfürsten gewählten deutschen Könige über den Gotthard zu ihrer Kaiserkrönung nach Rom.

Der Kaiser hatte das Recht, Menschen, Städte und Landesteile direkt (ohne Zwischenstufe von Adelsdynastien) seiner Herrschaft vorzubehalten: Er verlieh ihnen die ‚Reichsfreiheit' oder ‚Reichsunmittelbarkeit'. Die Talleute von Uri wurden 1231 reichsfrei, später auch jene von Schwyz. Als Wächter über die neue Reichsstraße durften sie sich selber verwalten: Sie hatten – ähnlich wie die freien Reichsstädte – keinen anderen Herrn über sich als den Kaiser. So wurden die kleinen Länder in den Bergen eigenständige Staaten. Den Kaiser vertrat nun anstelle eines Reichsvogts aus dem Adelsgeschlecht der Habsburger der einheimische Landammann, der mit einem Rat regierte und zusammen mit dem in der Landsgemeinde versammelten Volk die politische und richterliche Gewalt innehatte. Die Landsgemeinde, die alljährlich im Mai stattfand, war aus dem Landtag der Reichsvogtei hervorgegangen, einem ehemaligen Blutgericht, das Angeklagte zum Tode verurteilen konnte. (Noch an heutigen Landsgemeinden tritt der Landammann mit dem Richterschwert auf, dem Symbol einstiger Macht und Größe seines Amtes.) Genossenschaften, zusammengefaßt in einer ‚Markgenossenschaft' regelten die gemeinsame Nutzung von Wald und Alpweiden und hegten den Bannwald, der die Dörfer vor Lawinen schützte.

Ihre Reichsfreiheit verteidigten die Länder am Gotthard, die drei Waldstätte Uri, Schwyz und Unterwalden, gegen Ansprüche der Grafen aus dem Stammschloß Habsburg im Aargau, die Herzöge von Österreich wurden. Die Eidgenossenschaft wuchs in einem zerfallenden Reich: Der letzte Staufenkaiser, Friedrich II., der das Hauptgewicht auf die italienischen Besitztümer verlegt hatte, starb 1250. Seine Söhne und Enkel scheiterten bei dem Versuch, die väterliche Herrschaft zu behaupten; Italien löste sich in Teilgebiete auf. Die kaiserlose Zeit dauerte 23 Jahre. Sie ließ die Waldstätte ohne Schutzherrn, und so gewöhnten sich diese an die Selbstverwaltung, während die Habsburger ihren Druck verstärkten. 1273 wählten die Kurfürsten Rudolf von Habsburg zum deutschen König: Ein gefährlicher Feind der kaiserlichen Privilegien war nun selber oberster Schirmherr geworden. Er wollte weniger die Reichsrechte wahren als die Hausmacht mehren. Und er war zu mächtig, als daß eine gewaltsame Erhebung gegen ihn möglich gewesen wäre. Sein Tod am 15. Juli 1291 brachte den drei Waldstätten keine Befreiung, sondern neue Ängste.

Unter Hinweis auf ein früheres Abkommen schlossen sich die drei Anfang August zum ‚Ewigen Bund' zusammen und gelobten sich gegenseitig Hilfe gegen Angriffe von außen. Mit dem ‚Bundesbrief', wahrscheinlich von einem Schreiber aus Oberitalien aufgesetzt, übernahmen sie aus dem früheren Pakt Bestimmungen wie den Gehorsam gegen die Grundherren (gewiß nicht revolutionär!), das Schiedsgericht zur Schlichtung von Streitigkeiten und das gemeinsame Strafrecht; sie wandten sich aber auch gegen „fremde Richter" und sagten damit Habsburg offen den Kampf an.

Die Gründerväter jener Schweiz, die heute bei der europäischen Einigung abseits steht, wollten vor 700 Jahren ‚direkteuropäisch' sein. Herrscherdynastien wie jene der Habsburger schufen die Monarchien Europas; die Schweiz dagegen ist ein antidynastisches Gebilde: Die Siege der Eidgenossen in Schlachten gegen Habsburg festigten die Selbstverwaltung.

*Schloß Habsburg, Stammschloß des österreichischen Kaiserhauses, erbaut ca. 1020/Nordwestschweiz*

Jahrhundertelang blieb die Eidgenossenschaft ein lockerer Bund souveräner Talgemeinschaften und freier Städte, republikanisch regiert. In den ‚Länderorten' herrschte zum Teil Demokratie, so an den schon erwähnten Landsgemeinden, die noch heute in einem Kanton und vier Halbkantonen bestehen.

Die Reichsfreiheit darf jedoch nicht mit individuellen Freiheiten verwechselt werden. Besonders in den Stadtrepubliken erhoben sich später Oligarchien hoch über das Volk. Erst die Revolution von 1789 brachte – von außen! – Gleichheit und Freiheit und schaffte die Untertanenverhältnisse ab; und erst die Umwälzungen von 1848 schufen den modernen Bundesstaat. Trotzdem hatte die Schweiz seit je eine Sonderstellung: Sie ist nach den Worten des Historikers Ernst Gagliardi „das einzige Monument, das im Kampf um die Idee der Selbstverwaltung überlebte, während überall sonst das monarchische Prinzip den Sieg davontrug".

### Vielfalt der Kraftfelder

Der Schweizer denkt heute noch in kleinen Räumen: Gemeinde und Kanton sind für ihn die überschaubare Heimat. Er ist durch die Herkunft geprägt und mit den Wurzeln seiner Familie verbunden. In Schweizer Pässen steht nicht der Geburtsort, sondern der Heimatort: Der Schweizer ist vorerst Bürger einer Gemeinde (die seine Vorfahren vielleicht vor Jahrhunderten verlassen haben). Er ist nicht einfach schweizerischer Staatsbürger. Der Historiker Herbert Lüthy hat darauf aufmerksam gemacht, „daß es genau genommen kein Schweizer Bürgerrecht gibt, daß man im eigentlichen Sinne des Wortes nicht als Schweizer, sondern als Bürger von Thun, Pompaples oder Valpaschün geboren wird und daß einzig dieses Gemeindebürgerrecht das Bürgerrecht des Kantons Bern, Waadt oder Graubünden und damit das Schweizer Bürgerrecht verleiht". Wer das Schweizer Bürgerrecht erwerben will, muß sich auf allerhand Hürden gefaßt machen!

Die heutige Schweiz ist „das Abbild ihrer langen Geschichte, deren verschiedene Epochen aufeinander folgten, ohne daß je die Gegenwart die Vergangenheit aufgehoben hätte: Alle alten Formen bleiben in der neuen bestehen", wie Lüthy fest-

*Die Landsgemeinde (hier: in Glarus; im Hintergrund der Wiggis) – eine alte Schweizer Tradition*

stellt. Mehr als in jedem anderen Land lebt hier das römisch-deutsche Reich weiter, von dem sich die Eidgenossenschaft im Schwabenkrieg 1499 faktisch und nach dem Dreißigjährigen Krieg 1648 auch juristisch getrennt hatte. Sie ist laut Lüthy „das archaischste Land des Westens", denn im Grunde bleibt sie „noch immer dieses Verteidigungsbündnis von partikularistischen kleinen, zum Teil winzigen Gemeinschaften, die nicht beabsichtigen, sich zu einem Staat zu verschmelzen, sondern nur gemeinsam die Selbständigkeit der einzelnen zu verteidigen".

Tatsächlich wirken hinter dem Bundesstaat immer noch die Kräfte des alten Staatenbundes. Die Eidgenossenschaft ist nicht einheitlich, „une et indivisible", sondern vielfältig „une et diverse": Ihre Bewohner leben in verschiedenen kulturellen, wirtschaftlichen und politischen Räumen miteinander, nebeneinander und manchmal gegeneinander – mit Verbindungen über die engen Grenzen hinaus in die weite Welt. Wäre die ganze Deutschschweiz protestantisch, die Westschweiz katholisch, die eine Sprachregion arm, die andere reich, so hätte das Land kaum so lange Bestand gehabt. Es ist aber gerade die Überschneidung der sprachlichen, konfessionellen, wirtschaftlichen und politischen Kraftfelder, die den Zusammenhalt fördert. Der Wirtschaftswissenschaftler Charles Ducommun, seinerzeit Generaldirektor der Postverwaltung, sagte: „Geht es um Fragen der Religion, dann suchen wir protestantischen Waadtländer oder Neuenburger Verbündete gegen die Katholiken, selbst wenn wir Westschweizer sind, unter deutschsprachigen Baslern und Zürchern. Handelt es sich aber um Fragen der sprachlichen oder wirtschaftlichen Selbstbehauptung der Westschweiz, dann fahnden wir Waadtländer oder Neuenburger selbst bei den ‚ganz Schwarzen' in Freiburg oder Sitten nach Bundesgenossen gegen die Deutschschweizer Vorherrschaft."

Der Dichter Gottfried Keller schrieb im letzten Jahrhundert: „Welche Schlauköpfe und welche Mondkälber laufen da nicht herum, welches Edelgewächs und welches Unkraut blüht da lustig durcheinander, und alles ist gut und herrlich und ans Herz gewachsen, denn es ist im Vaterlande!" Der Wiener Satiriker Hans Weigel scheint Keller liebevoll zu parodieren, wenn er ausführt: „Die bekannte Formel zur Erschlüsselung der Schweiz ‚Unité par la diversité' heißt nicht ‚Einigkeit in der Vielfalt', sondern ‚Einigkeit durch Widerstreit'." Weigel ironisiert: „Der eidgenössische Friede ist das Produkt permanenter Streitigkeiten." Doch er sieht in der Schweiz ein „Modell des Zusammenlebens im Geist von gestern auf das angestrebte Morgen hin". Und: „Die Vielfalt ist nicht ausgeglichen, nicht nivelliert, sondern deutlich geblieben und doch zugunsten einer höheren Einheit überwunden ... Als Kern Europas blüht und dauert das Gegenbeispiel aller europäischen Fragen, die den Übergang vom neunzehnten ins zwanzigste Jahrhundert so tödlich explosiv gestaltet haben."

### Tell und die Folgen

Die Kämpfe der ersten Eidgenossen wurden später verklärt; was seinen Ausdruck in der Sage von Wilhelm Tell fand. „Es ist ein großer und erhebender Anblick, wenn man zum erstenmal die Schweiz erlebt, diesen festen Bund starker Männer und hoher Berge im Herzen Europas: die Axt Österreichs hat sich daran stumpfgeschlagen, das mächtige Schwert Karls des Kühnen ist daran zerbrochen", notierte der französische Schriftsteller Victor Hugo 1839 auf dem Rigigipfel über dem Vierwaldstättersee: „Vor mir, tief im Talgrund, hatte ich Küßnacht und Wilhelm Tell – ich konnte die Schweiz und ihren größten Mann bewundern, den Hirten und Befreier."

Der „größte Mann der Schweiz" hat offenbar nie gelebt; möglicherweise ist ein als guter Jäger bekannter Urner mit allerhand Legenden umrankt worden, doch der Nationalheld aus Bürglen ist eine Sagengestalt. Die Tellsage spielte eine wichtige Rolle in den revolutionären Bewegungen, die in der Mitte des 19. Jahrhunderts zur Gründung des modernen Staates führten; sie machte Geschichte. Habsburgs Landvogt Geßler soll Tell gezwungen haben, einen Apfel vom Kopf seines Kindes zu schießen, worauf Tell den Vogt in der Hohlen Gasse bei Küßnacht tötete und so das Signal zum Volksaufstand und zum Schwur auf der Rütliwiese gab. Ein Deutscher hat das bekannteste Tell-Drama geschaffen. Rauschende Musik und bengalisches Licht folgen dem Rütlischwur in Schillers *Wilhelm Tell*.

Doch das Apfelschuß-Motiv ist schon in nordischen, dänischen und schottischen Sagen vorgeprägt. Mythologisch gesehen ist Tell auch Symbol des Frühlings, dessen Pfeile als Sonnenstrahlen den Winter und alle bösen Mächte vertreiben sollen. Zeitweise, so im untergehenden Ancien Régime der Stadtrepublik Bern, war der „trotzige Rebell" der Obrigkeit als Volksaufwiegler verdächtig. Im 19. Jahrhundert erlebte dann die Tellsage eine Glanzzeit als Heldenepos und Opernlibretto.

Heutige Historiker und Schriftsteller zerpflücken die verklärenden Mythen und beklagen das „Unbehagen im Kleinstaat" – so der Titel eines Buches von Karl Schmid. Der Solothurner Schriftsteller Peter Bichsel meint: „Ich kann mir einfach nicht vorstellen, daß die alten Eidgenossen idealere Gestalten waren als mein Nachbar und ich." Und Friedrich Dürrenmatt spottet:

„O Schweiz, Don Quichotte der Völker! Warum muß ich dich lieben?
Wie oft in der Verzweiflung ballte ich bleich die Faust gegen dich, entstelltes Antlitz.
Deine Sattheit mit Füßen stampfend, höhne ich dich, wo du schlecht bist.
Deine Ahnen lassen mich kalt, ich gähne, wenn ich von ihnen höre."

Das Bild der Schweiz schwankt auch im Ausland – von den Hirtenidyllen der Romantik bis zum ‚Land der Hehler' von heute. „Der Schweizer melkt seine Kuh und lebt in Frieden", sagte einst Victor Hugo. Mit ‚Schweizer' ist manchmal ein ausgebildeter Melker oder der Schweizergardist gemeint, ‚Schwejzar' heißt im Russischen der Türhüter, ‚le Suisse' im Französischen der Kirchenaufseher: Die Bilder erinnern an Hirten und Kriegsdienste. In dem Film *Der dritte Mann* bemerkt Orson Welles boshaft, die Schweiz habe der Welt nichts gegeben als die Kuckucksuhr (die übrigens der Herkunft nach ‚Schwarzwälderuhr' heißen müßte). Und der norwegische Literaturnobelpreisträger Knut Hamsun ließ eine seiner Figuren über das „kleine Scheißvolk in den Alpen" (lille skittfolk opi

Alperne) schimpfen: „Da sitzen sie Geschlecht auf Geschlecht, feilen Uhrenräder und führen die Engländer auf ihre Gipfel ..." Trotz allem erklärte Dürrenmatt aber auch: „Die Schweiz ist kein Experiment, das abgebrochen werden muß."

## Am Anfang die Sintflut?

Matterhorn, Jungfrau, Piz Bernina und rund fünfzig weitere Viertausender sind Symbole der Schweiz: Sie ist ein Land der Berge. Der Montblanc, mit 4807 Metern höchster Alpengipfel, liegt zwar in Savoyen, knapp außerhalb ihrer Grenzen; der Monte Rosa an der italienischen Grenze im Wallis ist aber immerhin über 4600 Meter hoch.

Die Alpenketten erhoben sich im Tertiärzeitalter der Erde, vor rund 70 Millionen Jahren, aus dem damals erdumspannenden Thetysmeer – im Zeitraffer betrachtet ein dramatischer Vorgang. Die Erhebung war so gewaltig, daß die tiefen Urgesteinsmassen aus Granit und Gneis die Schichten aus Kalkstein durchbrachen. Die Kalksteindecken glitten über Granithänge, verbogen sich übereinander, bildeten Überschiebungsfalten und stießen weit nach Norden vor: So entstanden die Voralpen. Das Gefüge mit Verwerfungen, Spalten und Rissen ist weit ausgeprägter als die wellenförmige Struktur des Juras, der sich als Nebenprodukt der Alpenfaltung bildete. Auch das Mittelland hatte an diesem Geschehen teil: Ein Molassemeer, zeitweise ein Süßwassersee, überflutete das nördliche Alpenvorland. So gliedern sich die Mittellandgesteine in Meeres- und Süßwassermolasse: Kies, Sand und Ton wurden in langen Zeiträumen zu Nagelfluh, Sandstein und Mergel. Im weiteren Sinn gehört das ganze Gebiet der Schweiz zu den Alpen; im engeren Sinn gliedert es sich nach der Oberfläche in Alpen (60 Prozent), Mittelland (30 Prozent) und Jura 10 Prozent.

Schon während sich die Gebirge aus dem Weltmeer hoben, begann ihr Abbruch: Das Gestein verwitterte und zerfiel; Wind und Wetter, Lawinen, Felsstürze und Erdrutsche veränderten die Landschaft; Wasser- und Gletscherströme vertieften und verbreiterten Täler und überdeckten die Ebenen.

War am Anfang die Sintflut? Frühere Naturforscher rätselten über die Findlinge aus Urgestein, die erratischen Blöcke, die zum Teil hoch an den Jurahängen liegen. Sie kamen zu dem Schluß, daß einst ungeheure Wassermassen aus den Geißbergen (den Alpen, auf denen die Ziegen weideten) das Mittelland überschwemmt und gestaltet hätten. Sie nannten das Zeitalter ‚Diluvium' – Sintflut. Zu Unrecht, wie sich herausstellen sollte.

Über Jahrtausende hatte der Volksglaube die Findlinge als Gaben von Göttern, Geistern oder Riesen bewundert. Auf dem Jolimont bei Erlach bildeten erratische Blöcke die Teufelsburg: Der Sage nach wollte der Teufel mit den Steinen eine christliche Kirche zertrümmern, doch die eilig geläutete Betzeitglocke verhinderte den satanischen Plan. Auch der Heidenstein bei Biel erinnert an den Kampf gegen vorchristliche Kulte. An manchen ‚Schalensteinen' fand man schalenförmige Vertiefungen, die möglicherweise für urzeitliche Trankopfer dienten. Von ‚Kindlisteinen' kamen angeblich die kleinen Kinder her, ‚Wackelsteine' bewegten sich der Sage nach heimlich, ein ‚Zwölfuhrstein' neigte sich beim Zwölfuhrschlag um Mitternacht. So blieb die Herkunft der Findlinge, die auch als Baumaterial dienten, lange geheimnisumwittert.

Woher die Blöcke kamen? Neugierige Reisende verglichen das Gestein mit jenem der Alpen und fanden heraus: Die Blöcke mußten aus den Geißbergen stammen! Forscher mutmaßten, daß hohe und plötzliche Fluten die Granitblöcke ins Mittelland mitgerissen und beim Anprall an den Jura „wie die Brandung im Sturme ihre Wasser hoch in die Lüfte geschleudert" hätten. Für den Zürcher Naturforscher Johann Jakob Scheuchzer waren die Versteinerungen Beweise für ihre Sintflut; 1706 schrieb er ein Buch *Von denen im Schweizerlande befindlichen Überbleibseln der Sündflut*. Uneinig war man sich über die Entstehung der Stoßfluten. Hatten sich Gebirge aus dem Meer erhoben? Brachen Täler ein, in die das Wasser nachstürzte? Hatten heiße Erdgase die Gletscher geschmolzen?

Oder ein heftiger Föhnsturm, ausgelöst von Vulkanen? Hatten aufgestaute Alpenseen plötzlich Gesteinsriegel durchstoßen? Wer oder was hatte die Findlinge hergebracht und an die Hänge hinaufgeschleudert?

Auch für Goethe blieben die Findlinge ein Rätsel. 1831 dichtete er in Faust II resigniert:

„Noch starrt das Land von fremden Zentnermassen;
Wer gibt Erklärung solcher Schleudermacht?
Da liegt der Fels, man muß ihn liegen lassen,
Zuschanden haben wir uns schon gedacht."

Sennen und Jäger erzählten jedoch seit langem, Gletscher hätten die Riesenblöcke ins Mittelland gebracht. 1802 schrieb auch ein Gelehrter vom Gletschertransport, doch erst drei Jahrzehnte später begann die Fachwelt an die Theorie zu glauben, die heute unbestritten ist. Die Geologen bezeichnen das Eiszeitalter heute nicht mehr als Diluvium, sondern mit einem griechischen Namen als Pleistozän (von pleistos, „am meisten", und kainos, „neu"). Es ging der geologischen Jetztzeit (Holozän, von griech. holos, „ganz", und kainos, „neu", auch: Alluvium) voraus.

Vor rund 600 000 Jahren änderte sich mehrmals das Klima. Die Temperatur sank jeweils um 3 bis 5 Grad unter das heutige Mittel; die Alpengletscher wuchsen und bedeckten viermal den größten Teil des Mittellands. Die dritte oder große Eiszeit stieß den Gletscherrand sogar über den Rhein hinaus, und nur Berggebiete wie der Napf und das Tößbergland ragten noch als Felsinseln aus der Eisfläche. Die Eisströme weiteten alpine Kerbtäler zu Trogtälern und lagerten den Moränenschutt ab, dem das Mittelland seine Fruchtbarkeit verdankt. Die mächtigen Geißberge wanderten auf dem Rücken der Gletscher mit; als diese abschmolzen, blieben sie liegen. So finden sich Granite vom Gotthard, Tödi oder Montblanc weitab vom Ursprungsort.

In der Nacheiszeit, dem Holozän, schmolzen die Gletscher etappenweise zurück; ihre Zungenbecken füllten sich mit Wasser; auf diese Weise entstanden die Alpenrandseen vom Bodensee über den Zürichsee bis zum Lac Léman. Unterhalb

La Sarraz, von wo das Wasser Rhein und Rhone zufließt, bildete sich ein hundert Kilometer langer See, der von der Kontinentalwasserscheide in der Westschweiz bis nach Solothurn hinunter reichte. Der Solothurnersee zerfiel schließlich in drei Teilbecken, den Neuenburger-, Bieler- und Murtensee.

Die mächtigen Gletscher der Eiszeit haben die Landschaft kräftig mitgestaltet. Sie bewegten sich rascher als die heutigen Alpengletscher. Zum Vergleich: Der Rinkgletscher in Grönland fließt täglich 27 Meter weit; der Große Aletschgletscher, der größte der Alpen, bewegt sich hingegen im Jahr nur um 40 bis 200 Meter: ein Eiskorn braucht rund 450 Jahre für die 24 Kilometer vom Firn zur Gletscherzunge.

In den Trogtälern erweitern Terrassen den alpinen Lebensraum: Kurgäste in Leysin, Montana, Mürren und Braunwald genießen die klimatisch bevorzugte Lage. Die Trogtäler münden in Geländestufen ins Haupttal; Wasserkraftwerke nützen das Gefälle aus und erzeugen elektrischen Strom als wichtige Energiequelle im rohstoffarmen Land. Staumauern verriegeln die Seitentäler, in denen sich Stauseen füllen; Druckstollen leiten das Wasser ins Kraftwerk, so am Ritom-, Klöntaler- oder Wäggitalersee.

Die Eiszeitgletscher hobelten nicht alle Hindernisse in den Haupttälern weg. Heute gliedern Felsriegel das Tessintal in verschiedene Stufen, die der Bahnreisende am Gotthard als Kehrtunnels erlebt. Dasselbe Flußwasser treibt hier Generatoren auf mehreren Talstufen, auch am Julier oder an der Grimsel. Im Wallis, wo die Gefällsstufen besonders ausgeprägt sind, feiert die Technik Rekorde: Die Staumauer der Grande Dixence ist mit 284 Metern fast so hoch wie der Eiffelturm. Da der Bau von Kernkraftwerken zunehmend auf Widerstand stößt, soll die Grande Dixence noch weiter ausgebaut werden. Die Wassernutzung hat jedoch bald einmal ihre Grenzen erreicht; schon sind zahlreiche Wasserfälle verschwunden, rauschende Flüsse versiegt und in Stollen verlegt, Wasserfälle wie jene bei Meiringen, bei Foroglio im Maggiatal oder der Pissevache im Unterwallis selten geworden.

## Die ersten „Schweizer"

Die ersten Menschen in dem Gebiet der heutigen Schweiz sind in der letzten Zwischeneiszeit und zu Beginn der letzten Eiszeit nachzuweisen. Am Säntis und in den Churfirsten fand man zu Beginn des Jahrhunderts Knochen von Höhlenbären und primitive Steinwerkzeuge, 1955 bei St. Brais im Jura einen 40 000 Jahre alten Schneidezahn eines Menschen der Neandertalstufe. Schon im letzten Jahrhundert hatte man im Keßlerloch bei Thayngen (Kanton Schaffhausen) Spuren von Höhlenbewohnern entdeckt: Knochen von Mammut, Ren und anderen Wildtieren, die in der Tundralandschaft der frühen Nacheiszeit gelebt hatten, außerdem Knochenwerkzeuge, Nadeln und Schmuck der Sammler und Jäger.

In der Jungsteinzeit (Neolithikum) hatten seßhafte Bauern die Sammler und Jäger der Altsteinzeit abgelöst. Sie stellten Keramik her, brannten sie und züchteten Vieh. Der Lausanner Historiker Pierre Ducrey bezeichnet den Übergang zum Neolithikum als ebenso tiefgreifende Umwälzung wie die industrielle Revolution unseres Zeitalters.

Der Steinzeit folgten Bronze- und Eisenzeit. Funde am Zürichsee, dann am Pfäffiker-, Boden-, Bieler-, Neuenburger- und Genfersee wiesen auf Pfahlbauten der Bronzezeit hin. Die Pfahlbauer lebten von Fischfang und Jagd, betrieben aber auch schon Ackerbau und Viehzucht; sie webten Schafwolle und Pflanzenfasern und benützten Lehm und Ton als Rohstoff für die Töpferei. Bei Twann am Bielersee fand man 1976 ein flaches Weizenbrot, das vor 5500 Jahren gebacken worden war: offenbar das älteste Brot der Schweiz.

Auf die Pfahlbauer besann man sich besonders im letzten Jahrhundert. So malte der Berner Maler Albert Anker, dessen Bilder als Reproduktionen in vielen Wohnstuben der Schweiz hängen, nicht nur den Schulmeister, den Gemeindeschreiber, die Großmutter und viele kleine Blondschöpfe aus seinem Wohnort Ins im Seeland, sondern auch Pfahlbauerinnen und Pfahlbauer, wie man sie sich damals vorstellte: Man glaubte, sie hätten ihre Dörfer mitten im Wasser erbaut. Heutige Forscher sind der Ansicht: die Pfahlbauten waren ebenerdig oder – des schwankenden Wasserstandes wegen – leicht erhöht am Ufer angelegt. Noch in den letzten Jahren leitete der Neuenburger Kantonsarchäologe Michel Egloff ausgedehnte Forschungen bei Cortaillod. Tausende von Pfählen im See waren über Jahrtausende gut erhalten geblieben. Als die Juragewässerkorrektion im letzten Jahrhundert den Seespiegel senkte, standen sie näher am Ufer. Der Wellenschlag reißt aber den Seegrund auf, schwemmt Erde weg und legt die Pfähle frei. „Die letzte Gelegenheit; in wenigen Jahren wäre es zu spät gewesen", meint Michel Egloff. Taucher fanden Töpfereien, Angelhaken und hie und da Korbgeflecht ähnlich dem Kunsthandwerk unserer Zeit. Vor dreitausend Jahren hatten die Fischer und Ackerbauern von Cortaillod zehntausende von Eichenstämmen als Pfähle am flachen Seeufer eingeschlagen, später benutzten sie Tannen: Offenbar hatte es an Eichenholz zu mangeln begonnen. Gab es schon damals Umweltprobleme?

*Hochwasser im Seeland*

Der Fundort La Tène – heute ein Campingplatz am Neuenburgersee – gab einem Abschnitt der Eisenzeit den Namen. Nach den Funden zu schließen, hatten die Bewohner von La Tène die keltische Siedlung fluchtartig verlassen. Offenbar rissen Wasserfluten die Häuser ein, in denen Handelsware lagerte, zum Teil in Stoff verpackt. Auch eine Brücke stürzte ein, wie Archäologen vor einigen Jahrzehnten – zweitausend Jahre nach dem Geschehnis – entdeckten. „Wir hatten das Gefühl, erste Zeugen eines Unglücks zu sein", erklärt Robert Müller, der Leiter der zweiten Juragewässerkorrektion. Die Freiburger Kantonsarchäologin Hanni Schwab erzählt von den Grabungen im alten Flußlauf der Zihl bei Cornaux: „Ein Arbeiter fand einen Pferdeschädel, dann eine eiserne Lanzenspitze und daraufhin einen menschlichen Oberarmknochen.

Wir pumpten das Wasser weg und entdeckten ein menschliches Skelett. Es lag eingeklemmt unter den Balken der eingestürzten Brücke und, was am meisten überraschte, enthielt noch Überreste des Gehirns." Hanni Schwab barg neunzehn Skelette von Männern, Frauen und zwei Kindern, daneben Waffen, Hausrat und Knochen von Haustieren. Zur Zeit der großen Überschwemmung von La Tène war eine Gruppe von Menschen vor den steigenden Fluten geflüchtet; mit Pferd und Wagen, den Hausrat hoch aufgestapelt, mit Kühen, Schweinen und Hunden, flüchteten sie zu der 90 Meter langen Holzbrücke über die Zihl, den Ausfluß des Neuenburgersees. Doch das Hochwasser riß die Brückenpfeiler ein; Menschen und Tiere ertranken oder wurden von herabstürzenden Balken erschlagen. Ursache der Überschwemmung: Die Aare floß zeitweise nicht nach Osten wie heute, sondern westwärts in den Neuenburgersee. „Dann stiegen die Wasserspiegel wegen fehlender Abflußmöglichkeit innerhalb kürzester Zeit um mehrere Meter an", erklärt Hanni Schwab. „Das Wasser erreichte die Dächer der Häuser, die Seeufer verschoben sich um Kilometer. Dauerten die Niederschläge an, so konnten die Fluten noch höher steigen. Wer sich retten konnte, hatte keine Möglichkeit mehr, zurückgelassenes Hab und Gut zu bergen."

Spätere Überschwemmungen haben die Menschen selbst verschuldet. Am Oberlauf von Aare und Emme holzten sie seit dem Mittelalter die Wälder ab; die beiden Flüsse führten immer mehr Geschiebe. Unterhalb der Emmemündung füllte sich das Aarebett mit Schutt; bei Hochwasser floß Aarewasser rückwärts in den Bielersee.

Stets drohte Hochwasser Getreide und Kartoffeln zu vernichten. Im letzten Jahrhundert mußte der Fährmann von Büetigen oft tagelang auf dem Dach der Fährhütte ausharren, der Pfarrer von Nidau im Boot zur Kirche fahren. Die Seeland-Ebene um Neuenburger-, Bieler- und Murtensee wurde zum Reich der Frösche und krankheitsbringenden Mücken, zum ‚Großen Moos'. Über Jahrhunderte lebten die Bewohner in Furcht und Schrecken. Um 1870 begann die Korrektur der Juragewässer: Die Aare floß danach nicht mehr am Bielersee vorbei, sondern in den See, dessen Abfluß nun ein Stauwerk regulierte; Kanäle sorgten für bessere Entwässerung. Die Seespiegel sanken; die Wasserflächen verkleinerten sich; das Seeland wurde zum Gemüsegarten der Schweiz. Doch die Gefahr war nicht für alle Zeiten behoben: Immer wieder traten die drei Seen über die Ufer. Eine zweite Korrektion, hundert Jahre nach der ersten, vervielfachte die Durchlaufkapazität der Kanäle. Doch auch diesmal blieb die Freude nicht ungetrübt: Immer häufiger sackt der ausgetrocknete Torfboden ein; die schwarze Erde zehrt sich in einer Art Verbrennungsvorgang selber auf. Beginnt ein kleiner Weltuntergang für das blühende Seeland?

Der Kampf gegen die Überschwemmungen dauert in manchen Gebieten seit Jahrhunderten an: Wildbachverbauungen am Oberlauf der Flüsse bremsen die Erosion, Korrektionen am Unterlauf steigern das Gefälle und erneuern die Transportkraft des Wassers. Den Rhein an der Grenze zu Österreich verkürzten die Durchstiche von Diepoldsau und Fussach um 10 Kilometer; auch Rhone und Tessin erreichten ihren See nun auf kürzestem Weg. Korrektionen lenkten 1714 die Kander in den Thunersee, 1811 die Linth in den Walensee. Ehemalige Malariaherde sind saniert. Noch ist die Überschwemmungsgefahr nicht überall und auf immer behoben; doch heute denkt man auch an die Erhaltung der Biotope in den letzten Sumpfgebieten und Hochmooren des Landes.


*Sommer und Winter zur selben Zeit*

„Nur in den Bergen findest du während der kleinsten Spanne Zeit so reiche Abwechslung", schrieb der Zürcher Arzt und Naturforscher Konrad Geßner 1555, nachdem er den Pilatus bei Luzern bestiegen hatte: „Hier wird dir möglich, in der Zeit eines Tageslaufs alle vier Jahreszeiten, Sommer, Herbst, Frühling und Winter, durchzufühlen." Der Berner Arzt und Naturforscher Albrecht von Haller, der 1732 in einem Lehrgedicht die Alpen besang, bemerkte, daß der Wanderer beim Aufstieg

*Leysin in den Waadtländer Alpen, im Hintergrund der Pic Chaussy*

von den Rebbergen bei Sitten zum Schnee am Sanetschpaß alle Klimazonen vom Mittelmeer bis Spitzbergen durchschreite, und der Genfer Philosoph Jean-Jacques Rousseau sah „gegen Osten Frühlingsblumen, gegen Süden herbstliche Früchte, gegen Norden des Winters Eis: alle Jahreszeiten waren zur selben Zeit und alle Klimazonen am selben Ort vereint".

Um 1800 fand ein Reisender „über einem Paradies, wo tausend Blumen duften", nichts geringeres als „die Schrecken Grönlands". Tatsächlich wechselt beim Aufstieg die Landschaft schnell. Den Reben folgt Laubwald, diesem der Nadelwald, nach der auffälligsten Vegetationsgrenze folgen baumlose Weiden und schließlich der ewige Schnee. Die Waldgrenze liegt im Norden bei 1800 Metern, die Schneegrenze bei 2500 Metern, auf der Alpensüdseite liegen die Höhenstufen rund 300 Meter höher. Den Höhenstufen entsprechen in den Alpen verschiedene Pflanzengürtel, die sonst nach geographischer Breite weit über die Erde verteilt sind. Der höchste Punkt der Schweiz, die Dufourspitze, erreicht 4634 Meter, die tiefste Stelle, der Langensee (Lago Maggiore), liegt bei 193 Meter. Dem großen Höhenunterschied entsprechen große Klimaunterschiede: Der Beobachter findet in tieferen Lagen mehr Wärme und weniger Regen, in höheren Lagen wenig Wärme und viel Niederschläge. Auch in der Horizontalen vereint die Schweiz als abwechslungsreichstes klimatisches Spielfeld die vier großen Klimaprovinzen Europas: Der Westen ist atlantisch, der Osten kontinental, der Süden mediterran und die nördliche Schweiz vom Norden beeinflußt. Der Alpenwall scheidet mediterranes und nördliches Klima. In West-Ost-Richtung wiederholt sich der große europäische Übergang vom atlantischen zum kontinentalen Klima.

„Im Sommer, da regnet's, im Winter, da schneit's,/ In der

*Die Seepromenade in Lugano-Paradiso mit dem Monte Brè im Hintergrund*

Schweiz, in der Schweiz, in der Schweiz", sang einst der Bündner Schlagersänger Vico Torriani. Ganz so einfach ist das Landesklima jedoch nicht. Am Alpennordhang regnet es wie in ganz Mittel- und Nordeuropa eher im Sommer, im Süden dagegen im Frühling und Herbst. Im Winter kommt es oft zur Temperaturumkehr: Bei hohem Barometerstand schichtet sich die Luft nach dem spezifischen Gewicht; in den Talmulden sammeln sich Kaltluftseen. Unterhalb der Nebelmeere herrscht feuchte Kälte, darüber – zur Freude vieler Kurdirektoren und ihrer Gäste – strahlender Sonnenschein.

Die Winde folgen den Hauptrichtungen der Windrose: der vorherrschende Westwind bringt Regen, die Bise aus dem Osten im Winter beißende Kälte; sie pfeift durch das Mittelland, zwängt sich durch die Bergketten bei Genf wie durch einen Trichter und peitscht den See zu hohen Wellen auf. Bei tiefem Luftdruck im Norden weht aus Süden der Föhn, ein trockener, warmer Fallwind. Er rast durch die Föhngassen der alpinen Quertäler von Rhein, Linth und Reuß, entfacht Brände und bringt manchen Leuten Kopfschmerzen und Schwächezustände. Deshalb holen an Föhntagen die Ärzte am Kantonsspital Glarus nur dringlichste Fälle auf den Operationstisch. Eindrucksvoll ist auch der vom Föhn verursachte rasche Wechsel des Landschaftsbildes. Hermann Hesse schildert einen Föhntag am Urnersee: „Der blaugrüne See wird in ein paar Augenblicken tintenschwarz und setzt plötzlich hastige, weiße Schaumkronen auf. Und bald schon darauf donnert er, der noch vor Minuten unhörbar friedlich lag, mit erbitterter Brandung ans Ufer."

Lokale Berg- und Talwinde erfreuen die Segler, und mehrere Regionen haben ihr Sonderklima, so das Sonnenland Wallis in seinem Kranz von Viertausendern: Die „Heidenreben" bei Visperterminen steigen auf 1200 Meter, und bei Findelen wuchs bis vor kurzem Getreide auf 2100 Meter Höhe. Der Uferbogen am Genferseee gleicht einer verkleinerten Riviera; die Sonne schient hier dreifach: von oben, widerspiegelt vom See und, als nächtliche Wärme ausgestrahlt, von den Rebmäuerchen. Auch das Tessin hat seinen Eigencharakter: Locarno erreicht mit plus 3 Grad das höchste Januarmittel der Schweiz; am Hang über der Stadt fühlt man sich an die Amalfiküste versetzt.

## *Kontinentalwasserscheide*

Die Schweiz ist mit 41 000 Quadratkilometern Fläche ein kleines Land: 220 Kilometer breit, knapp 350 Kilometer lang. Auch in Ost-Westrichtung ist die Kontinentalwasserscheide zu überschreiten. Auch hier bietet die Bahnfahrt aus dem Stromgebiet des Rheins Überraschungen: Der Genfersee im Kranz der Berge erscheint dem Reisenden wie eine Vorahnung des Mittelmeers. Die Nebenlinie Zürich–Neuenburg–Genf steigt zwar bei La Sarraz nur auf 455 Meter, bevor sie ganze 8 Meter tiefer in den Bahnhof Lausanne mündet, aber die Landschaft wechselt ähnlich wie am Gotthard.

Der Übergang von La Sarraz war im 17. Jahrhundert als Verkehrsweg von europäischer Bedeutung ausersehen, als Wasserstraße zwischen Nordsee und Mittelmeer auf dem Weg von Holland nach Indien! Holländische Finanzleute planten einen Schiffahrtskanal vom Neuenburgersee in den Genfersee, Techniker und Zimmerleute aus Holland bauten Schleusen und Barken. Nach zehn Jahren war der Juraausläufer Mormont im Canal d'Entreroches durchstochen und das Waadtländer Städtchen Cossonay erreicht. Dann ging das Geld aus: Der Traum eines transhelvetischen Wasserwegs – der später immer wieder aufleben sollte – war vorläufig ausgeträumt. Doch streckenweise fuhren Schiffe bis ins 19. Jahrhundert durch den Kanal: Sie brachten Wein, Salz und Getreide aus der Waadt in den Neuenburgersee und dann durch Zihl und Aare bis nach Solothurn, wo sie beim „Landhaus" (der Ländte) anlegten. Während der ganzen Fahrt machten die Schiffsleute von ihrem Recht Gebrauch, den Wein zu versuchen, und wenn sie in Solothurn ankamen, waren sie zumindest angeheitert. Heute noch sagt man in der Westschweiz in Anspielung auf die trinkfreudigen Schiffsleute von einem Betrunkenen: „Il est sur Soleure" (Er ist auf dem Weg nach Solothurn). Die Traumstraße von Holland nach Indien wurde zwar nicht verwirklicht, doch sie ist auch nicht völlig versunken und vergessen: Im Mormont bei La Sarraz führt heute noch der Kanal durch den Wald. Und der nahe Mühleteich verdient einen Besuch. Wären die Abflüsse nicht durch Gitter versperrt, so könnten hier die Forellen ihren Weg nehmen: zum Rhein und in die Nordsee oder nach Süden Richtung Rhone-Mittelmeer. Die Gegend um den Teich bei La Sarraz, bekannt auch durch den gleichnamigen Film des Schweizer Regisseurs Alain Tanner, heißt „Le Milieu du Monde" – Mitte der Welt, wie für die Griechen einst Delphi. Für die Schweiz und Europa ist er jedenfalls ein Übergang ins Land der Rhone.


*Zorro der Umwelt*

Man vergleicht ihn mit Zorro und Wallenstein, mit Kreuzrittern und drachenbekämpfenden Erzengeln: Franz Weber, den Basler Journalisten, der den Umweltschutz zum Hauptberuf machte. Er begann, so Weber, mit dem „Widerstand gegen die Schufte", die den Silsersee im Engadin mit Bauten aller Art verschandeln wollten. In einem autobiographischen Werk schreibt der Don Quichotte des Umweltschutzes selbstgefällig und selbstkritisch zugleich: „Ich bestieg meinen Gaul und wußte nicht, daß mich meine Rosinante in einen endlosen Kampf führen würde."

In einen weltweiten Kampf. Mit spektakulären Aktionen rettete er Rebberge am Genfer See und Ruinen bei Les Baux in Südfrankreich, verhinderte den Bau einer Autobahn bei Lausanne, gründete die ‚Vereinten Nationen der Tiere', schuf in Australien einen Park für Wildpferde, in Togo ein Reservat für Elefanten. Der Nichtpolitiker Weber führt „die Partei der Natur gegen die Partei des Geldes", die den Planeten mordet. „Keine Stadt, kein Seeufer, kein Berg ist mehr vor ihnen sicher; sie vergewaltigen die keuschesten Landschaften; sie morden die ehrwürdigsten Gebiete; und sie werden weiterfahren, solange sich ihre Verbrechen bezahlt machen" wettert er, und: „Wir zucken mit den Schultern vor den Hindus, die ihre Felder unbebaut lassen und neben ihren heiligen Kühen verhungern. Aber wir zeigen nicht mehr Vernunft, wenn wir unsere Stinkwagen vergötzen und vor ihren geheiligten Rädern unermeßliche Betonteppiche ausrollen – Teppiche, denen wir Städte und Dörfer opfern, fruchtbare Äcker, Wälder, Flüsse, blühende Matten. Ohne von den Tausenden von Toten zu sprechen, die wir der Göttin Auto als Sühneopfer überlassen." Zahlreiche Stiftungen und Vereinigungen – Landschaftsschutz, Naturschutz, WWF, Alpenclub, Verkehrsclub, grüne Parteien – kämpfen für ähnliche Ziele, doch Weber ist der personifizierte Ausdruck einer weitverbreiteten Besorgnis.

„Saurer Regen über Deutschland – Der Wald stirbt", warnte im November 1981 das Hamburger Nachrichtenmagazin *Der Spiegel* in einer Titelgeschichte: „Die ersten großen Wälder werden schon in den nächsten fünf Jahren sterben. Sie sind nicht mehr zu retten." Ab 1982 häuften sich die Schäden auch in der Schweiz, in manchen Regionen des Mittellandes fast explosionsartig. In einigen Bergtälern lichteten sich die Bannwälder, die bisher Schutz vor Lawinen boten. Im Urner Bergdörfchen Bristen in der Nähe der Gotthardroute mußten 1985 Evakuationspläne ausgearbeitet werden: Bei Lawinengefahr verlassen die meisten Bewohner ihre Häuser; nur ein Mann pro Feuerstelle bleibt im gefährdeten Gebiet, um das Vieh in den Ställen zu besorgen. Schon früher waren die Bewohner des Maderanertals zeitweise wegen Lawinengefahr in einstweilen sichere Gebiete geflüchtet, nun müssen bei Gefahr auch diese geräumt werden.

1990 erklärte Direktor Rodolphe Schläpfer vor der Eidgenössischen Forschungsanstalt für Wald, Schnee und Landschaft zwar, das Waldsterben sei nicht so dramatisch verlaufen wie ursprünglich befürchtet wurde, doch: „Weder Weltuntergangsstimmung noch übertriebener Optimismus ist angebracht." Die rechtsgerichtete Autopartei sah bereits den „Beweis, daß das Schweizervolk seit Jahren hinters Licht geführt wird". Die seltsame politische Gruppierung verlangt

„mehr Freiheit" auf den Straßen. Doch nach offiziellen Berichten des Bundes waren zu Beginn des Jahres 53 Prozent der Bäume in den Alpen, 42 Prozent in den Voralpen, 37 Prozent im Jura und 31 Prozent im Mittelland erkrankt.

Ende Juli 1990 wurde die würzige Alpenluft gesundheitsgefährlich: in Chiasso stiegen die Ozonwerte auf 363 Mikrogramm pro Kubikmeter. Der Lungenspezialist Roland Keller, Professor an der Universität Basel, erklärte: „Ozonwerte von über 300 Mikrogramm pro Kubikmeter sind akut gesundheitsschädlich; Werte über 500 Mikrogramm/m$^3$ sind toxisch und verlangen Sofortmaßnahmen wie die Einstellung des Individualverkehrs." Der Autoverkehr liefert die Ausgangsstoffe für die Ozonproduktion, Stickoxide und flüchtige Kohlenwasserstoffe. An einem einzigen Juliwochenende pusteten die Auspuffrohre am Nordaufstieg zum Gotthard im Kanton Uri 30 Tonnen Stickoxid und 75 Kilo Blei in die Landschaft.

### *Die Landschaftszerstörung geht weiter*

„Die Schweizer Alpen werden zum Disneyland, das Mittelland zu einer einzigen verbetonierten Agglomeration, wenn Siedlungswachstum und Mobilität nicht gebremst werden", erklärt Hans Weiss, Leiter der Stiftung für Landschaftsschutz, die 1990 ihr zwanzigjähriges Bestehen feierte. Die Landschaftszerstörung geht unvermindert weiter. Die Alpenanliegerstaaten BRD, Österreich, Frankreich, Italien, Liechtenstein und die Schweiz treffen sich regelmäßig zur ‚Alpenkonferenz' unter dem Vorsitz des Liechtensteiners Mario Broggi. 1989 wurde in Berchtesgaden erklärt, das Alpengebiet beherberge neben 7 Millionen Einwohnern zeitweise 60 Millionen Tages- und Wochenendausflügler, vor allem Skifahrer, daneben 40 Millionen weitere Feriengäste. Ein weiterer Ausbau der vorhandenen 13 000 Aufstiegshilfen (Lifte, Seil- und Bergbahnen) und 40 000 Skipisten hätte „verheerende Folgen". Sind die Warnungen in den Wind gesprochen?

Zerstört wird auch der Boden: Mehr als die Hälfte des

*Die Montreux-Berner Oberland-Bahn (MOB) zwischen Gstaad und Saanenmöser im Berner Oberland*

Stickstoffdüngers verflüchtigt sich in die Luft oder gelangt ins Grundwasser. Mehr als die Hälfte der Schwermetalle aus Dünger, Luft und Klärschlamm hingegen bleibt im Boden und reichert sich dort an. Einige Schweizer Seen – so der Zuger-

und Luganersee – sind mit Phosphor stark überdüngt. Dem Genfer See, der größten Trinkwasserreserve Westeuropas, geht es hingegen besser. Noch vor einem Jahrzehnt hatte man ihm den baldigen Tod vorausgesagt. 1986 wurde der Gebrauch phosphorhaltiger Waschmittel in der Schweiz verboten. Die Anstößerkantone (mit Unterstützung der Eidgenossenschaft) gaben für den Bau von Kläranlagen 4 Milliarden Schweizerfranken aus. In der Schweiz sind 90 Prozent der Bewohner an Kläranlagen angeschlossen. Man findet heute kaum mehr verschmutzte Strände, dem Zürichsee wird sogar „beinahe Trinkwasserqualität" attestiert.

Der Wald – ein Viertel der Landfläche – wird seit 1876 geschützt: ein Gesetz gestattet Rodungen nur, wenn sie mit Aufforstung entsprechender Flächen kompensiert werden. Es folgten: in den fünfziger Jahren ein Gesetz für Gewässerschutz (verschärft 1971), in den sechziger Jahren Gesetze für Natur- und Heimatschutz, 1983 ein Gesetz über den Umweltschutz. Moore und Moorlandschaften wurden 1986 in einer Volksabstimmung einem besonders strengen Schutz unterworfen. Das Bundesamt für Umwelt, Wald und Landschaft beschäftigt 260 Beamte. Im Vergleich zur EG spielt die Schweiz manchmal ein Pionierrolle, doch die bisherigen Anstrengungen genügen noch nicht. Symbolisches Projekt im Jubiläumsjahr 1991: ein eidgenössischer Fonds von 50 Millionen Franken zur Erhaltung naturnaher Kulturlandschaften, mit Schwerpunkten wie Bietschhorn/Lötschental mit dem traditionellen Walliser Bewässerungssystem oder Erhaltung der Obstbaumkulturen bei Pruntrut.

## 2. Die mehrsprachige Schweiz

Der deutschkundige Ausländer, der zum erstenmal nach Basel, Zürich oder Bern kommt, versteht wohl Bahnhofansagen und Zeitungstexte, doch kaum die Gespräche, die Schweizer unter sich führen. Im Gegensatz zur Hochsprache, die als Schriftdeutsch bezeichnet wird, ist Schweizerdeutsch, die alemannische Mundart, Umgangssprache für Stadt und Land, für Gelehrte und Handwerker, für jung und alt, arm und reich. Was aufmerksame Besucher zuerst lernen: In Zürich sagt man „Grüezi" (nicht grützi), in Bern aber „grüessech", wobei das erste Wort „Gott grüße Sie", das zweite „Gott grüße Euch" bedeutet; Zürich verwendet die dritte, Bern die zweite Person Mehrzahl als höfliche Anrede. Und: Müesli (Müschen) und Müsli (Mäuschen) sind nicht dasselbe!

Die Mundartgrenze folgt nicht den Staatsgrenzen: Auch in Süddeutschland, in Vorarlberg und im Elsaß wird oder wurde alemannisch gesprochen. Wobei die Dialekte sehr verschieden sind: Ein St. Galler und ein Oberwalliser verstehen sich oft nur mit Mühe.

*Schwyzerdütsch: fünfte Nationalsprache?*

Tagesschausprecher im Fernsehen verwenden Schriftdeutsch, Reporter sprechen meist Mundart; im offiziellen Radio beträgt der Mundartanteil über zwei Drittel, in den Lokalsendern hundert Prozent. Schul- und Kirchensprache ist Schriftdeutsch, doch in den Pausen unterhalten sich auch Universitätslehrer selbstverständlich auf Schweizerdeutsch, und manche Pfarrer predigen in Mundart; im Berner Bundesparlament versuchen sich die Abgeordneten auf Schriftdeutsch auszudrücken, im Berner Kantonsparlament sprechen sie Mundart.

Es gibt Mundart-Chansonniers, Mundart-Inserate, sogar Mundart-Todesanzeigen; die Mundartbücher zählen nach Tausenden. Der Westschweizer Schriftsteller C. F. Ramuz ist auch auf Schweizerdeutsch zu lesen, ebenso Homer, den Albert Meyer ins Berndeutsch übertragen hat. Zum Vergleich seien zuerst zwei hochdeutsche Übersetzungen aus dem 16. Gesang des Odyssee angeführt:

Anton Weiher übersetzt: „Morgen war es, da machten die zwei in der Hütte ihr Frühstück,/ Schürten das Feuer, Odysseus und mit ihm der göttliche Sauhirt..." Rudolf Alexander Schröder: „Doch es besorgten dieweil der göttliche Hirt und Odysseus/ Unter der Hütte das Mahl und machten ein Feuer am Morgen ..." Bei Albert Meyer heißt es: „Zytig füüret u chochet der Söihirt dinn i der Hütte/ Zmorge mit Hülf vom Odysseus u schickt drufabe di Hirte/ usen i Wald u Weid, für di Herde vo Söi wider z'hüete." Zytig = zeitig, füüret = feuert, hüete = hüten: das Schweizerdeutsche verwendet (wie das Mittelhochdeutsche) lange Vokale ohne sie zu diphtongieren: Huus, Zyt, Lüüt statt Haus, Zeit, Leute. Es behält aber alte Diphtonge bei: Bluet, hüete, Lied (Li/ed). Der Verschlußlaut ‚k' klingt meist wie ein ‚ach'-Laut: choche, chlini Chind (kleine Kinder).

Um 1900 schienen die Mundarten auszusterben. Sie haben jedoch wider Erwarten eine Renaissance erlebt und sind heute in alle Lebensbereiche vorgedrungen: Man spricht von einer Mundartwelle. In Wirklichkeit gab es seit Beginn des Jahrhunderts mindestens drei Mundartwellen:

— Im ersten Jahrzehnt verbreitete sich der Heimatschutzgedanke von Bern aus; er gab Anstoß zu einer meist konservativen Mundartliteratur.

— Zur Zeit des Nationalsozialismus versuchte sich die Deutschschweiz auch durch den Gebrauch der Mundart von Nazideutschland abzugrenzen. Die Sprachenkarte in der Schweizerischen Landesausstellung 1939 in Zürich trug die Aufschriften: „français, italiano, rumantsch" und... „schwyzerdütsch" (nicht: deutsch!).

— Seit den sechziger Jahren entstand, von Berner Kellerpoeten ausgehend, eine moderne experimentelle Mundartdichtung als Ausdruck einer Art antiautoritärer Kultur. Das neue Sprachgefühl hängt vielleicht mit dem weltweiten Erwachen von Regionalismus zusammen, mit Demokratisierung und Entkolonialisierung. Nationalstaaten wie Italien und Frankreich beginnen ihre Regionalsprachen wieder aufzuwerten. Manche Beobachter befürchten aber eine Abkapselung der Deutschschweiz vom übrigen deutschen Sprachraum.

Die Deutschschweizer hatten seit je auch ihre eigene Schriftsprache: mit Helvetismen durchsetzt und etwas papieren. Im 16. Jahrhundert wähnten sie sich im Besitz einer Art Nationalsprache. Der Zürcher Literaturkritiker Johann Jakob Bodmer wünschte im 18. Jahrhundert gar, „daß unser Dialekt durch Ausputzung und Erweiterung zu einer für sich selbst bestehenden und für sich zulänglichen (allen Anforderungen genügenden) Sprache werde". Schwyzerdütsch ist seither (fast) zur fünften Nationalsprache geworden.

Mundart und Schriftsprache stehen heute in einem Diglossie-Verhältnis: Jede Sprachform hat ihren besonderen Geltungsbereich. Doch eine sprachliche Isolierung, oft als Hollandisierung bezeichnet, wäre kaum zu wünschen: Bedeutende Schweizer Schriftsteller wie Gottfried Keller und Max Frisch gehören wie Lessing oder Böll dem gesamten deutschen Sprachraum an, was nicht der Fall wäre, wenn sie in Mundart schrieben. Und die Schweiz teilt sich in vier Sprachräume ...

## *Deutsch und Welsch*

Auf der Bahnfahrt von Bern nach Lausanne öffnet sich nach dem Tunnel von Chexbres der Blick auf den Genfersee. Der Rebberg am Tunnelausgang wird scherzhaft „Clos des Billets" genannt: Hier sollen die Deutschschweizer, entzückt über die schöne Landschaft, ihr Retourbillet zum Fenster hinauswerfen – eine Legende, gewiß, doch mit einem Körnchen Wahrheit.

Die Distanz Zürich–Lausanne scheine dem Deutschschweizer kürzer als der umgekehrte Weg den Romands, schrieb einst der in Zürich ansässige Westschweizer Literat Aymon de Mestral. Neuere Meinungsumfragen bestätigen diese Ansicht: Jeder vierte Romand, doch nur jeder siebte Deutschschweizer fühlt sich im benachbarten Sprachgebiet „im Ausland". Die Romands spüren sprachliche Spannungen intensiver: 27 Prozent (gegenüber nur 9 Prozent der Deutschschweizer) fürchten einen Graben zwischen Deutsch und Welsch.

Deutschschweizer hegen für Romands viel Sympathie – die nicht immer erwidert wird. „Es ist ja vielsagend, daß der Welsche für den Deutschschweizer eine ganze Reihe von Über- und Schimpfnamen hat, der Deutschschweizer für den Welschen jedoch keinen", schrieb der Journalist Roberto Bernhard. Westschweizer lächeln gern über den „Toto" oder „Köbi" (nach männlichen Vornamen), den „Schleu" oder „Schnock" (lautmalerisch), den „Stofifre" (nach den „Stockpfeifern" der Berner Eroberungstruppen) – Deutschschweizer kennen nur den „Welschen".

Laut einer Untersuchung der Zürcher Soziologen Fischer und Trier schreiben sich Deutschschweizer Eigenschaften zu wie stark, rauh, gesund, eckig, ernst, fleißig und schwer; den Westschweizer finden sie warm, rund, gelöst, froh, schnell, lustig, leicht und sympathisch. Das Selbstbild des Deutschschweizers entspricht weitgehend dem Bild, das der Romand von ihm entwirft; von sich selbt haben die Romands fast ein Idealbild. Fischer und Trier vermuten, „daß einige Strebungen und Eigenschaften, die der Deutschschweizer ersehnt, jedoch glaubt, bei sich missen zu müssen, im Stereotyp des Westschweizers untergebracht werden". So ist der Deutschschweizer im anderen Sprachgebiet eher zur Assimilation bereit; der Romand wehrt sich dagegen.

Ein Beobachter sah vor einigen Jahrzehnten beim Welschen „Phantasie, Vorstellungsvermögen", beim Deutschschweizer „Sinn für Organisation": „Während der Westschweizer Anregungen schafft, ist es der Deutschschweizer, der sie verwirklicht." Der Romand sei als Angehöriger einer Minderheit empfindlich, die Deutschschweizer sähen in den Romands gern Enfants terribles. Doch trotz aller Unterschiede in Sprache und Kultur stünden die Romands „den Deutschschweizern viel näher als den Franzosen, genau wie der Deutschschweizer dem Westschweizer viel näher steht als dem Deutschen". So rief der Westschweizer Charles-Ferdinand Ducommun in einer Betrachtung über das Verhältnis Deutsch-Welsch den Miteidgenossen zu: „Wir sind sowenig Franzosen, wie Ihr Deutsche seid!"

*Sprachgrenzen und Kulturgrenzen*

Zunächst erlebt, wer in die Schweiz reist, das Gemeinsam-Schweizerische in vielerlei Hinsicht: die gleichen Uniformen der Grenzwächter und Zöllner (daneben die gleiche lokale Uniformenvielfalt), die gleiche Schokolade, die gleiche Ordnungsliebe, der gleiche Wohlstand, ähnliche politische Institutionen. Doch wer die Sprachgrenze im Landesinnern überschreitet, sieht die Unterschiede: Der Kaffee wird je nach Sprachregion anders geröstet, und nur in Westschweizer Gaststätten findet man ‚Cagnottes' (eine Art Sparkassen für Stammkunden) und spielt Lotto. Die Sprachgrenze ist auch eine Käsegrenze: Welsche Käser produzieren Greyerzer (mit kleinen Löchern), alemannische Emmentaler (mit großen Löchern), und je nach Sprachzugehörigkeit geben Käseesser dem einen oder anderen Hartkäse den Vorzug. Wer aus der Deutschschweiz ins Waadtland reist, staunt über fremdartiges Gebäck: Beignets, Taillaules, Kuchen mit Raisiné (aus Wein) und Nillon (aus Nüssen), aber auch über Würste wie die dikken Boutefas. Zum Lauchmus (papet) ißt man Kabiswurst (aus gekochtem Kohl, Schwarten, Schweinehals, Innereien, Pfeffer, Salz, Anis, Koriander), die beim Aufschneiden wie Sägemehl auseinanderfällt. Ich erinnere mich noch an meine aus Neugier gekaufte erste Kabiswurst: Als sie auf dem Teller zerbröselte, schöpften meine Frau und ich Verdacht und warfen sie nach gemeinsamer Beratung in den Abfalleimer. (Später haben wir die Charcuterie vaudoise doch noch schätzen gelernt.)

Sprachgrenzen fallen jedoch nicht notwendigerweise mit Kulturgrenzen zusammen. Die Bauernhausforschung zeigt im Wallis eine Einheit der Siedlungs- und Gebäudeformen rhoneabwärts weit über die Sprachgrenze hinaus bis in das Gebiet zwischen St-Maurice und Martigny. Das Wallis oberhalb der Schlucht von St-Maurice ist nicht nur geographisch in sich geschlossen, es bildet auch volkskundlich eine Einheit. Die deutsch-welsche Sprachgrenze bezeichnet auch nicht die Grenze zwischen „französischen" und „deutschen" Jasskarten (Spielkarten) und vor allem nicht die Schranke zwischen einem Deutschschweizer Röstiparadies und einer röstilosen welschen Wüste, wie das Modewort vom „Röstigraben" (französisch eher: „rideau des röstis", Röstivorhang) andeuten könnte. („Rösti" heißen Röstkartoffeln nach Berner oder Zürcher Art). Einen Agenturbericht über Probleme zwischen Deutsch und Welsch betitelten Deutschschweizer Zeitungen in einmütiger Gedankenlosigkeit: „Wie tief ist der Röstigraben?" (*Bund*), „Röstigraben: Wie tief ist er wirklich?" (*Basler Zeitung*), „Wird der Röschtigraben allmählich tief?" *(Neue Zürcher Zeitung).* Doch Rösti wird seit je auch am Lac Léman gegessen; ursprünglich nannten sie die Romands „pommes de terre fricassées" oder „les fricassées" und übernahmen also nur den kürzeren Namen (meist im Plural: „les röstis"), nicht die Sache selbst. Was Käse-Fondue betrifft, so war es im Westschweizer Mittelland ebensolange unbekannt wie in der Deutschschweiz.

*Sprachen und Politik*

Doch Romands denken, handeln und entscheiden oft anders als Deutschschweizer. Ende November 1989 (es ging um Geschwindigkeitsbeschränkungen im Straßenverkehr) stimmten die sechs Kantone der französischen Schweiz – Genf, Waadt, Neuenburg mit protestantischer Tradition wie die katholisch geprägten Stände Wallis, Freiburg und Jura – anders als die übrige Eidgenossenschaft: Sie wollten schneller fahren. Jura und Genf votierten an jenem Sonntag gar als einzige Kantone für die Abschaffung der Armee. Schon zuvor war die Westschweiz oft überstimmt worden: beim Obligatorium für Sicherheitsgurte und in Fragen wie Mieterschutz, Recht auf Wohnung, Waffenausfuhrverbot oder Antiatominitiative.

Im letzten Jahrhundert neigte die Deutschschweizer Arbeiterbewegung zum Staatssozialismus eines Marx, die Westschweiz (in der Juraföderation und der Antiautoritären Internationale von 1872) zum libertären Sozialismus (Anarchismus) Bakunins. Im Ersten Weltkrieg entstand ein Graben: Das Herz der Welschen schlug für Frankreich und die Alliierten, viele Deutschschweizer marschierten im Geiste mit dem Kaiser. Das Land war zerrissen. Der blutige Konflikt zwischen Deutschland und Frankreich spiegelte sich in der Schweiz in schweren innenpolitischen Spannungen.

Carl Spitteler präzisierte 1914 in einer denkwürdigen Zürcher Rede den „Schweizer Standpunkt" und ermahnte die Deutschschweizer, die Welschen seien – anders als damalige Reichsdeutsche – „mehr als nur Nachbarn, nämlich Brüder". Die Romands waren um die Jahrhundertwende offenbar die besseren Patrioten. Westschweizer gründeten die Neue Helvetische Gesellschaft (NHG). Schon vor 1914 wurden sie die eigentlichen Wächter des nationalen Erbes. Und heute noch bekennen sich Romands manchmal offener zum helvetischen Patriotismus: Der Zeitschrift *L'Illustré* antworteten 1987 auf die Frage „Sind Sie Patriot?" nur 37 Prozent der Deutschschweizer, aber 57 Prozent der Romands mit Ja.

In den dreißiger Jahren hatte ein Teil des Bürgertums der Westschweiz Sympathien für den Operettenfaschismus eines Mussolini (die Universität Lausanne ernannte den Duce 1937 zum Ehrendoktor!), während manche Bürgerliche der Deutschschweiz dem Nationalsozialismus Hitlers zuneigten. Im Gegensatz zu Nazideutschland und dem faschistischen Italien meldete damals Frankreich keine Gebietsansprüche an: Für die französische Schweiz war das gleichsprachige Ausland keine Bedrohung. Im Jurakonflikt (siehe S. 83 ff.) schließlich, der nach dem Zweiten Weltkrieg mit der weltweiten Entkolonialisierung neu auflebte, waren sprachliche und ethnische, aber auch religiöse, politische und wirtschaftliche Gründe ausschlaggebend.

Die Westschweiz ist heute weltoffener und verharrt weniger in einer Igel-Mentalität als die Deutschschweiz – so im Hinblick auf die europäische Einigung, die dereinst auch die helvetische Souveränität beschränken könnte. Doch sollte man daraus nicht voreilig schließen, daß die Westschweiz auch politisch links steht! Zuweilen zeigt sich ein kantonalistischer Abwehrreflex gegen ‚Bern'; dann verbünden sich die konservativen Innerschweizer mit den Romands; manchmal – wie bei den Verkehrsvorlagen – wirkt ein Drang zum Individualismus.

Sprachen sind, wie die Nationalitätenkonflikte in aller Welt zeigen, von politischem Gewicht. Sie haben laut dem Sprachhistoriker Hermann Weilenmann „die Kraft in sich, ein tiefes Gemeinschaftsbewußtsein zu schaffen, das für das Werden und Vergehen ganzer Staaten und Nationen von entscheidender Bedeutung sein kann". Jede Sprache hat ihren Aufbau, ihr besonderes Material, ihre inneren Gesetze, ihre Möglichkeiten und Grenzen; sie ist Ausdruck eines kollektiven Bewußtseins, geprägt durch Geschichte, Psychologie und Politik, jede bietet ein anderes Denksystem, eine andere Weltschau, eine andere Weltanschauung. Ihre Verschiedenheit ist „nicht nur eine von Schällen und Zeichen", wie Wilhelm von Humboldt feststellte, „sondern eine Verschiedenheit der Weltansichten selbst". Mit dieser Verschiedenartigkeit muß die Schweiz leben, ja mehr noch: Ohne sie gäbe es keine Schweiz.

### *Woher die Mehrsprachigkeit?*

Nationalstaaten kennen meist nur eine Nationalsprache, und auch aus praktischer Sicht ist Mehrsprachigkeit für ein Land mehr Last als Lust. Amerikaner reisen vom Atlantik über einen weiten Kontinent bis an den Stillen Ozean durch *ein* Sprachgebiet und ihre Sprache hat darüber hinaus Weltgeltung; der Schweizer muß in seinem kleinen Land auf der Fahrt vom Bodensee zum Genfersee (unseren Ozeanen im guthelvetischen Miniaturmaßstab) mindestens einmal die Sprachgrenze überschreiten.

Wie die Schweiz mehrsprachig wurde, ist vielen Eidgenossen unklar: Für viele von ihnen beginnt die Geschichte erst mit Tells Apfelschuß vor 700 Jahren. Doch die Sprachenvielfalt im Gebiet der heutigen Schweiz ist älter als der Bund der Eidgenossen. Eine Westschweizer Wirtin einer abgelegenen Herberge in der francokanadischen Provinz Québec fragte mich einst: „Weshalb eigentlich spricht man in der französischen Schweiz französisch? Sind, wie in Kanada, Franzosen eingewandert?"

Gewiß nicht: In den romanischen Sprachen lebt die Kultur Roms weiter, zu deren Bereich das keltische Helvetien gehörte. Die lateinische Sprache, aus der sich Französisch, Italienisch und Bündnerromanisch entwickelten, war hier vor dem Deutschen zuhause. Wir wollen dazu die Entwicklungen der letzten zwei Jahrtausende in Momentaufnahmen von 500-Jahr-Schritten betrachten.

*Anno Domini 1* gab es in Helvetien eine einzige Verkehrssprache. Die keltischen Einwohner lernten Latein, aus dem die romanischen Sprachen entstehen sollten. Die für alle vier Nationalsprachen gemeinsame Staatsbezeichnung findet man noch auf heutigen Briefmarken und Münzen: Helvetia. Nebenbei: hatte schon Helvetien Charakterzüge der heutigen Schweiz, wie böse Zungen sagen? Der nachmalige römische Kaiser Vespasian wuchs in der Hauptstadt Aventicum (dem heutigen Avenches) auf. Als er in Rom Steuern auf Bedürfnisanstalten (französisch: vespasiennes) erhob, machte ihm sein Sohn Titus Vorwürfe. Der Kaiser hielt ihm ein aus dieser Steuer gewonnenes Geldstück unter die Nase und sagte: „Pecunia non olet" (Geld stinkt nicht).

*Um 500* teilten sich ‚Barbaren' und ‚Welsche' in das helvetische Gebiet. In der Völkerwanderung (französisch „l'invasion des barbares") ließ sich der Germanenstamm der Burgunder im Westen nieder und nahm die romanische Sprache an: allfällige Nachfahren von Gunter, Gernot und Giselher findet man eher in Genf als in Bayreuth.

Die im Osten einbrechenden Alemannen (alaman, allemand und alémanique haben denselben Ursprung) blieben bei ihren urtümlichen Rachenkrachlauten. Sie benannten die romanisierten Völker – Kelten und Burgunder (aber auch die Rätier in Bünden und die Langobarden in Norditalien) – als „Welsche" (nach dem Keltenstamm der Volcae, germanisch Walhos, Walchen).

Welschland war überall, wo nicht germanisch gesprochen wurde: am Walensee (= Walchensee), in Wales und Wallonien, in Gallien, Galizien und im Lande der Galater in Kleinasien. Im letzten Jahrhundert lag für Glarner und Innerschweizer das ‚Welschland' in Norditalien und im Tessin. Heute bezeichnet der Begriff meist nur noch die französische Schweiz, die Suisse romande (eigentlich Suisse romane, aber nach dem Vorbild von ‚Suisse allemande' mit ‚d').

*Im Jahr 1000* lagen die Sprachgebiete weitgehend fest. Die Westschweiz gehörte um die Jahrtausendwende zum Königreich Hochburgund, das sich bald dem römisch-deutschen Reich anschließen sollte. Gute alte Zeit heißt hier „le temps où Berthe filait" (die Zeit, da die legendäre Königin Bertha spinnend zu Pferd durch ihre Länder reiste). Bertha, die Tochter des Herzogs Burkhard von Schwaben (Alemannien, die Deutschschweiz gehörte dazu), war 923 als Gemahlin Rudolfs II. Königin von Hochburgund geworden. Rudolfs Eroberungspläne in Alemannien waren gescheitert; 919 schlug ihn der Alemannenherzog Burkhard bei Winterthur. Die Vereinigung des heutigen schweizerischen Mittellandes unter einer Herrschaft kam damals nicht zustande, doch der Ehebund des Königs mit der Tochter seines ehemaligen Gegners brachte bereits vor der Gründung der Eidgenossenschaft eine Verbindung zwischen Deutsch und Welsch.

Die heutigen Kantonalstaaten der Westschweiz haben ihren Ursprung im Burgunderreich: Um das Jahr 1000 übertrug Berthas Sohn, König Rudolf III., weltliche Herrschaften an die Bischöfe von Basel (Jura), Sitten (Wallis), Genf und Lausanne. Freiburg und Neuenburg entstanden aus anderem Grundbesitz in den burgundischen Grafschaften, das Hauptgebiet der

Waadt aus dem Zusammenschluß savoyischer Herrschaften zwischen Bielersee und Genfersee. Berthas Tochter Adelheid wurde als Gemahlin Ottos I. Kaiserin: Damit führt eine direkte Linie zum römisch-deutschen Reich, in dem die Eidgenossenschaft entstand.

Nach der Vereinigung Burgunds mit dem Reich wurde Genf deutsche Reichsstadt: Sein Wappen zeigt heute noch den Reichsadler und den Schlüssel des Bischofs, der bis zur Reformation als Reichsfürst regierte (heutige Genfer Gourmets sehen freilich in dem Wappen lieber „ein halbes Hähnchen und den Schlüssel zum Weinkeller"). Am Gotthard wuchs im 13. Jahrhundert der Bund der Eidgenossen heran: Die Schweiz war von Anfang an ein Land des Übergangs zwischen Deutsch und Welsch.

*Um 1500* sicherte sich Uri den Südzugang zum Gotthard, die Stadtrepublik Bern eroberte das damals savoyische Waadtland. In den Burgunderkriegen stand die (deutschsprachige) Eidgenossenschaft gegen den ‚welschen' Herzog Karl den Kühnen von Burgund und das mit ihm verbündete Savoyen; mit Karls Niederlagen endete der Traum von der Wiedererweckung Lotharingiens, eines starken europäischen Mittelreichs zwischen Deutschland und Frankreich: Die Eidgenossen, die für die Interessen des Franzosenkönigs Ludwig XI. kämpften, gaben der europäischen Geschichte eine schicksalhafte Wendung. Doch ohne die Großmachtpolitik Berns gäbe es keine französische Schweiz.

Das Waadtland zwischen Bieler- und Genfersee, das unter savoyischer Herrschaft eine gewisse Autonomie genoß, wurde 1476 bei Grandson und Murten zum Schlachtfeld Europas und verlor vorerst einige Städte – Erlach, Murten, Orbe, Echallens, Grandson –, und 1536 eroberte Bern, zusammen mit dem zweisprachigen Freiburg, das übrige Gebiet der Waadt.

Die Stadt Freiburg im Üechtland westlich von Bern (wie Freiburg im Breisgau von den Zähringern gegründet) lag auf der Sprachgrenze: Das Auquartier unten am Fluß war deutsch, die oberen Stadtviertel sprachen welsch; der größere Teil des Freiburgbiets, der ‚Alten Landschaft' Freiburg, lag im deutschen, der andere im welschen Sprachraum. Die Oberschicht in der Oberstadt sprach französisch; doch Freiburg kämpfte in den Burgunderkriegen auf seiten der Eidgenossen. Bald danach trat die Zweisprachenstadt in den Bund ein, der ab 1513 dreizehn Teilstaaten (Stände oder ‚Orte') mit Untertanengebieten und ‚Zugewandten Orten' (Alliierten) umfaßte. Die deutsche Sprache erlangte die Oberhand. Schon zuvor hatte der Rat von Freiburg den jungen Leuten verboten, mit dem Ruf „Hie Deutsch, hie Welsch" gegeneinander loszuziehen.

Nach den Burgunderkriegen begannen führende Familien Freiburgs ihre Namen einzudeutschen: Bourquinet wurde zu Burgknecht (später leicht französisiert zu Bourgknecht), Cugniet zu Weck, Dupasquier zu Von der Weid, Théraulaz zu Thürler, Montagny zu Montenach. 1527 riet die freiburgische Obrigkeit den Bürgern, sie sollten „die Kinder im hus tütsch machen reden und nicht die grobe welsche Sprach" (den frankoprovenzalischen Dialekt). Der Rat von Freiburg förderte bewußt die deutsche Sprache der Eidgenossen. Er bestrafte Verstöße mit Geldbußen, auch bei Händlern, „so welsch singen oder Milch, Senf, Pasteten oder andere Dinge in welscher Sprache ausrufen", Bern führte das ursprünglich waadtländische, heute freiburgische Murtenbiet dem protestantischen Glauben und der deutschen Sprache zu. Auch angesehene Walliser Geschlechter germanisierten ihre Namen; Siders (Sierre) und Sitten (Sion) wurden mehrheitlich deutsch. Im ‚Zugewandten Ort' Biel, der verbündeten Stadt mit dem welschen Pannergebiet Erguel, wurden Welsche, die eine (deutschsprachige) Bürgerstochter ehelichten, mitsamt der Frau ausgewiesen. Baron Zurlauben aus Zug, Offizier in französischen Diensten, schrieb zwar 1786, in Biel sei „die deutsche Sprache vorherrschend, doch das Romanische seit mehreren Jahrhunderten in Gebrauch" ... im Verkehr mit dem Pannergebiet, wie wohl gemeint war.

In den Jahrzehnten nach 1500 war die vielsprachige Eidgenossenschaft geschaffen. Schon 1521 sprach der Papst, gefolgt von anderen Herrschern, von der „wohlgeborenen Nation der Eidgenossen", der Natio helvetica: Die Deutschen waren für die Schweizer ein fremdes Volk geworden; Helvetien hatte, wie ein Chronist schrieb, die „uralte Landmark", seine Grenzen, erreicht. Der lockere Bund souveräner Gemeinschaften sprach nach der Germanisierung Freiburgs deutsch, auch die Zugewandten Orte Wallis, Biel, Abt und Stadt St. Gallen, Mülhausen, Rottweil oder die rätischen Bünde. Das zweisprachige Fürstbistum Basel war ebenfalls deutsch regiert. Nur die Staatswesen im romanischen Sprachgebiet, die zum Bund gezählt wurden – so Genf, Fürstentum und Stadt Neuenburg –, und die italienischen und französischen Untertanen hielten an ihrer Sprache fest, doch sie hatten keinen oder keinen nennenswerten Einfluß an der Versammlung der Gesandten, der Tagsatzung, einer Art kleiner UNO-Generalversammlung der damaligen Zeit.

Mit den Kriegsdiensten für Frankreich erhielt die französische Sprache allgemein Auftrieb; die Sprachgrenze schob sich langsam zurück, ohne jedoch wieder den Stand vor 1500 zu erreichen. In Freiburg, Bern und Solothurn (der Residenz des französischen Ambassadors) sprach die Oberschicht französisch. Die Stadt Sitten verbot zwar noch in ihrer Schulordnung von 1679 bei strengster Strafe den Gebrauch der französischen Sprache, doch auf die Dauer konnte sie sich dem neuen Trend nicht verschließen. Heute ist der Walliser Kantonshauptort wieder fast völlig französischsprachig.

Die italienischsprachigen Bewohner der Leventina südlich des Gotthards hatten sich im Uri gegen ihren Landesherrn, den Herzog von Mailand, verbündet. Nach 1500 bewegte der Walliser Kardinal Schiner die Eidgenossen zur Vertreibung der Franzosen, die Oberitalien besetzten: Sie eroberten die „ennetbirgischen Vogteien" Locarno (Luggarus), Valle Maggia (Maiental), Lugano (Lauis) und Mendrisio. Nach der Niederlage bei Marignano 1515 sahen sie sich vor der Wahl, entweder die Vogteien aufzugeben oder vom siegreichen französischen König eine Entschädigung anzunehmen. Entgegen ihrer Gepflogenheit entschieden sie sich diesmal nicht für das Geld, sondern für das Land: sie wollten „die armen Leute nicht elendiglich verkaufen".

Die moderne Schweiz ist in der Mitte des 19. Jahrhunderts entstanden. Einen wichtigen Anstoß dazu gab die Französische Revolution, an der die französische Schweiz aktiv Anteil nahm. Die welschen Untertanen – die in Art und Sitte kaum behelligt worden waren – erhielten Gleichberechtigung.

Die Verfassung der Helvetik, des revolutionären Einheitsstaats, nannte die drei Nationalsprachen Deutsch, Französisch und Italienisch. Der helvetische Minister de la Harpe sah für Schweizer „die Notwendigkeit, das Deutsche, Französische und Italienische zu lernen"; Minister Stapfer wollte mit einer Landesuniversität „deutschen Tiefsinn mit fränkischer Gewandtheit und italiänischem Geschmack vermählen". Unter der Restauration schlug das Pendel zurück: An der Tagsatzung kam es zu grotesken Sprachverhältnissen, so wenn der Gesandte Berns französisch, der Gesandte Freiburgs aber deutsch sprach, beide mit dem gleichen Ziel, nämlich durch die Sprachwahl auszudrücken, daß die Zeit der Pöbelherrschaft endgültig vorbei sei. Die Bundesverfassung von 1848 erwähnte als Nationalsprachen wieder Französisch und Italienisch neben dem Deutschen, ab 1938 auch das Rätoromanische.


*Die Westschweiz spricht anders als Paris*

Die Westschweiz spricht zwar Französisch, aber anders als Paris; und dies, obwohl die Mundarten fast völlig ausgestorben sind. Der größte Teil der Westschweiz gehört zum frankoprovenzalischen Sprachgebiet, das den Übergang zwischen der ‚langue d'oc' (provenzalisch) im Süden und der ‚langue d'oïl' (französisch) im Norden bildet. Die Bezeichnungen gehen auf die früher unterschiedliche Aussprache von ‚oui' (ja) als ‚oc' (von ‚hoc') und ‚oïl' (von ‚hoc ille') zurück. Das frankoprovenzalische Sprachgebiet umfaßt auch Savoyen und das obere Rhonetal mit den Brennpunkten Genf und Lyon. Eine Sonderstellung nimmt der ehemals fürstbischöfliche Jura ein: Die Jurassier sprechen französische Dialekte; sie sind auch in ihren Mundarten die ‚französischsten' der Romands.

In der Nationalhymne der Genfer heißt es: „Cé qu'è l'ainô" („Celui qui est là-haut", Der dort oben ist); die Waadtländer lassen sich an den Winzerfesten von bärtigen Greyerzer Sennen den ‚Ranz des vaches' (Kuhreihen) vorjodeln: „Venidè totè, blyantsè, nairè ..." (kommt alle, weiße, schwarze), doch als Umgangssprache dient die Mundart nur noch in wenigen Walliser Dörfern. In den protestantischen Kantonen hatte schon die Reformation den Mundarten zu Grabe geläutet: Die Bibel wurde in ‚gutes' Französisch übersetzt; den Predigern, oft aus Frankreich, war die Volkssprache fremd. Die Revolution wollte die Sprache des Königshofs den ehemaligen Untertanen zugänglich machen, und noch bis ins 20. Jahrhundert versuchten Westschweizer Schulmeister die letzten Mundartüberreste mit den landesüblichen ‚Tatzen' (Schlägen auf die Handflächen) auszutreiben. Dabei ist nach dem Romanisten Ernst Schüle das Französische auch nur „un patois qui a fait fortune" (ein Dialekt, der Aufstiegschancen hatte).

Die Umgangssprache der Westschweiz ist jedoch stark lokal gefärbt. Eigenheiten finden sich z. B. in der Militärsprache: Die Altersklassen ‚Landwehr' und ‚Landsturm' sind auch Westschweizer Ausdrücke; die Offiziersgrade werden hier (nach deutschem Vorbild) anders benannt als in Frankreich, wo der Major ‚commandant', der Leutnant ‚sous-lieutenant' heißt. Das Wort ‚poutzer' (putzen) ist über die Armee in die Umgangssprache eingedrungen und wird heute eher mit putzfreudigen Hausfrauen in Verbindung gebracht. Viele Westschweizer zählen 70, 80, 90 anders als in Frankreich ‚septante, huitante, nonante', das Postfach heißt ‚case postale' (nicht: boîte postale), der Jass ‚le yasse', die Zwetschge ‚le pruneau' (nicht: quetsche). Das Gymnasium heißt meist ‚le gymnase' (in Frankreich bedeutet das Wort Turnhalle), die Serviererin ‚la sommelière' (nicht ‚la serveuse'), der Kuhstall ‚l'écurie' (nicht: l'étable), das Kuchenblech ‚la plaque à gâteau' (nicht: le moule à tarte). ‚La bringue' ist der Streit, ‚le cheni' die Unordnung, ‚la chotte' das Schutzdach. Wer in der Wirtschaft ‚un demi' bestellt, erhält in Paris ein Bier, in Lausanne einen halben Liter Weißwein. Unverständlich für Franzosen sind Sätze wie: „Une voiture te gicle en roulant dans une gouille" (ein Wagen spritzt dich beim Durchfahren einer Pfütze an) oder „Le facteur s'est encoublé dans les boilles" (der Briefträger ist über die Milchkannen gestolpert). Doch zahlreiche Helvetismen glänzen inzwischen bereits im *Petit Larousse*.

*Vielfalt der Romandie*

Die Bündner ‚Rumantschia' umfaßt nur Teile eines Kantons, die italienische Schweiz besteht zu 95 Prozent aus dem Kanton Tessin, die französische Schweiz hingegen verteilt sich auf mehrere Kantone. Jedenfalls ist sie die Minderheit mit dem größten Gewicht, auch wenn sie nur 20,1 Prozent (1910 noch 22,1 Prozent) der Schweizer Bürger (18 Prozent der Landeseinwohner) vereint. Drei von vier Schweizern sprechen deutsch, nur jeder fünfte französisch.

Die französische Schweiz ist vielfältig gegliedert: Jeder Kanton hat seine eigene Geschichte, seinen eigenständigen Charakter. Im Bergland Wallis dominiert die Geographie: hohe Berge, tiefe Täler; der Punkt mit den meisten Niederschlägen liegt dicht neben dem trockensten Gebiet des Landes. Im Jura wirkt lebendiges Geschichtsbewußtsein. Neuenburg ist das Land des technischen Erfindergeists: Pierre Jaquet-Droz baute im 18. Jahrhundert menschenähnliche Automaten, die Vorläufer heutiger Roboter, der Architekt Le Corbusier wurde in La Chaux-de-Fonds geboren. Freiburg, einst katholisches Bollwerk, ist Brückenland zwischen Deutsch und Welsch.

Der Springbrunnen in der Genfer Bucht ist mehr als nur touristisches Symbol Genfs: Die Stadtrepublik machte keine Gebietseroberungen wie Bern, sondern strebte aufwärts ins Reich des Geistes. Der Spötter Talleyrand bezeichnete Genf einst als einen besondern Kontinent. Die UNO-Stadt ist im Ausland vielfach besser bekannt als die Schweiz. Was für Genf die Vertikale, ist für das Waadtland die Horizontale: Das Kernland der Westschweiz liegt breit und behäbig da, es erstreckt sich über die drei großen Landschaftstypen Alpen,

*Genf mit Springbrunnen und Mont Salève*

Mittelland und Jura; als einziger Kanton hat die Waadt die Dreiheit Brot, Wein und Salz.

Die Romandie hat kein gemeinsames Zentrum: sie bildet keine Einheit. Die politischen Institutionen der Kantone sind völlig verschiedenartig: So ist die Gemeindeautonomie im Wallis extrem groß, in Genf fast inexistent. Die Kantone unterscheiden sich in der konfessionellen Tradition, die immer wieder durchschimmert: In einer Volksbefragung über den Schwangerschaftsabbruch bildete sich wieder ein ‚Sonderbund' der katholischen Kantone über die Sprachgrenzen hinweg. Die Westschweiz stimmt aber auch in anderen Fragen selten einmütig. ‚Progressistisch' sind meist nur die Kantone im Jura und in Juranähe: Genf, Waadt, Neuenburg und Jura, zu denen oft auch die beiden Basel stoßen.

Wichtige Entscheidungszentren liegen außerhalb der Region: politisch in Bern, wirtschaftlich in Zürich, kulturell in Paris. Der Historiker David Lasserre kam denn auch einst zu dem Schluß: „Eine Suisse romande – abgesehen von der Region, in der man französisch spricht – gibt es nicht, das heißt: sie bildet keine spezifische Einheit." Der Journalist Alain Pichard schrieb ein Buch über die Romandie mit dem Titel *La Romandie n'existe pas*.

Es gibt auch keine einheitliche Wirtschaftsregion Westschweiz. Schon deren Abgrenzung ist schwierig. Für Wirtschaftsstatistiken zählen meist die vier französischsprachigen Kantone Genf, Waadt, Neuenburg und Jura sowie die zweisprachigen Freiburg und Wallis; dabei bleiben Südjura und Welschbiel unberücksichtigt. Diese sechs ganz oder mehrheitlich französischsprachigen Kantone erwirtschaften bei einer Wohnbevölkerung von 23,7 Prozent zusammen 23,5 Prozent des schweizerischen Bruttosozialprodukts; die Westschweiz liegt also dicht am schweizerischen Mittel. Das Pro-Kopf-Einkommen – 92,2 Prozent des schweizerischen Mittels – liegt insgesamt etwas tiefer. Allerdings zeigen sich Unterschiede zwischen den Kantonen: die Waadt erreicht knapp den Schweizer Durchschnitt, Genf liegt weit darüber, die anderen Kantone sind deutlich darunter.

Einige Tendenzen könnten gefährlich werden:

– Die wirtschaftliche Konzentration besonders der Unternehmen mit Sitz im Goldenen Dreieck Zürich-Basel-Bern (eine wichtige Ausnahme ist die Weltfirma Nestlé in Vevey). Immer mehr Entscheidungszentren verlagern sich in die Deutschschweiz.

– Die Westschweiz hat – besonders seit der Strukturkrise der Uhrenindustrie – relativ mehr Arbeitslose als die Deutschschweiz.

– In der Bundesverwaltung sind die Romands – 12,5 Prozent der hohen Beamten – untervertreten, auch in den Führungsgremien der Armee. Romands ziehen offenbar nicht gern nach Bern. Außerdem werden die weitaus meisten Beschlussesentwürfe auf Deutsch ausgearbeitet; Französisch wird mehr und mehr Übersetzungssprache.

– Auch nach der Schaffung des Kantons Jura wirkt außerdem die Jurafrage weiter: „Die Republik und Kanton Jura spielt gegenüber dem Südjura eine ähnliche Rolle wie die irische Republik gegenüber Nordirland. Wir müssen uns auf lange Auseinandersetzungen gefaßt machen", schreibt der Politologe André Donneur.

Der aus dem Jura stammende Soziologe Michel Bassand, Professor an der Eidgenössischen Technischen Hochschule (ETH) Lausanne, kommt zu dem Schluß: „Tatsächlich ist die Verschiedenartigkeit vorherrschend, doch sie kann die Tatsache nicht verschleiern, daß die Suisse romande sehr wohl existiert als sprachliche Minderheit, eingeklemmt zwischen einer aktiven, eroberungslustigen Mehrheit in der Deutschschweiz einerseits, die sich der Romands als Alibi bedient und sie dominiert, anderseits einem kühl distanzierten, gleichgültigen, ja herablassenden Frankreich. Aus diesem Grunde gibt es die Romandie viel mehr als Minderheit denn als Sprachgemeinschaft. Gegenwärtig nimmt das Bewußtsein, eine Minderheit zu bilden, eher zu." Und: „Über die geographische, soziale und kulturelle Vielfalt hinaus gibt es eine Suisse romande als französischsprachige Minderheit, die kulturell, wirtschaftlich und politisch dominiert wird." Bassand kommt damit zu einer ähnlichen Diagnose wie die Romandie-Bewegung, die eine Romandie-Fahne geschaffen hat und als Therapie für das ihrer Meinung nach bestehende Sprachenmalaise den Sprachminderheiten im sprachenföderalistischen Sinne mehr politisches Gewicht geben möchte (z. B. mit einer paritätischen Vertretung Deutsch-Welsch im Ständerat).

In der Schweiz ist das Französische nicht unmittelbar bedroht. Es gibt auch keinen ‚Graben' wie zur Zeit des Ersten Weltkrieges. Doch einige Gefahren werden immer wieder genannt: 1) Der zunehmende Gebrauch der Mundart in der Deutschschweiz (besonders in Radio und Fernsehen) wird von den Romands als Kontaktverweigerung empfunden. 2) Das Englische als Sprache der Jugend und der Technik vermindert das Interesse am Erlernen der zweiten Landessprache. 3) Das Fernsehen stärkt in der Westschweiz die ‚identité romande' und die ‚identité francophone', nicht aber die nationale Identität. Moderne Medien trennen oft mehr, als daß sie verbinden: Romands wählen das TV-Programm aus Frankreich, Deutschschweizer jenes aus der BRD. Deutsch und Welsch sitzen Rücken an Rücken.

### *Territorialprinzip in Gefahr?*

Spannungen sind unvermeidlich. Die Waadtländer Regierung protestierte, als Zuzügler in Gemeinden an der Sprachgrenze ihre Adresse im Telephonverzeichnis eindeutschten. So hieß in Faoug (Pfauen) die ‚rue Centrale' plötzlich ‚Hauptstraße', die ‚route Neuve' prangte als ‚Neue Straße'. Berner Zuwanderer im Jura hatten zu Beginn des Jahrhunderts in mehreren Gemeinden die Sprachmehrheit geändert; auf den Landeskarten wechselte der Name von La Scheulte in Schelten, derjenige von Elay in Seehof. Die Niederlage Frankreichs 1870/71 hatte offenbar auch in der Deutschschweiz ein Gefühl der Überlegenheit geweckt. 1902 erklärte ein Berner Staatsschreiber, der Jura müsse „assimiliert" werden; ein protestantischer Pfarrer wünschte für den Jura „gesundes deutsches Blut", damit „der welsche Teil des Kantons von deutscher Energie durchdrungen" werde. Noch 1947 wollte der Gemeinderat von Mont-Tramelan auf die deutsche Ratssprache umstellen und den Dorfnamen künftig „Bergtramlingen" schreiben; der damalige Gemeindeschreiber von Tramelan, Roland Béguelin, protestierte; mit diesem Protest begann seine Rebellion gegen Bern, die zur Kantonsgründung im Jura führen sollte.

In der offiziell zweisprachigen Stadt Biel, seit Mitte des letzten Jahrhunderts zu einem Drittel französisch, sind die Straßentafeln deutsch und französisch beschriftet; der Bahnhof heißt Biel/Bienne. Das Französische, Schulsprache in ebensovielen Klassen wie das Deutsche, ist eher im Vormarsch, das Zusammenleben kaum getrübt. An der Freiburger Sprachgrenze hingegen berichten abwechselnd beide Seiten über bedrohliche Tendenzen. In Stadt und Kanton Freiburg sind die Mehrheitsverhältnisse anders als in der Gesamtschweiz: Die deutsche Sprache ist mit einem Drittel in der Minderheit. Deutschfreiburger, seit dem wirtschaftlichen Aufschwung ihres Gebiets selbstbewußter geworden, klagen über welschen ‚Rassismus', besonders im Gebiet der Hauptstadt, dem Saanebezirk, der – ungeachtet einer Minderheit von 15 000 Deutschsprachigen – offiziell französischsprachig ist: Für Gerichtsverhandlungen und Trauungen gilt die Sprache der Mehrheit. Die Welschfreiburger sehen sich als Hüter der Sprachgrenze. Da in Industrievororten Freiburgs immer mehr Deutschsprachige zuwandern, befürchten sie, daß die Mehrheiten wechseln und das Territorialprinzip der Sprachen gelockert wird.

Gemäß diesem (juristisch nicht genau definierten) Prinzip steht in der Schweiz jeder Nationalsprache ein bestimmtes Territorium zu, dessen Grenzen nicht beliebig veränderbar sind. Wer in ein anderes Sprachgebiet umzieht, muß sich assimilieren: Er genießt zwar private Sprachenfreiheit, doch im Verkehr mit lokalen Behörden hat er sich der Ortssprache zu bedienen, in der auch seine Kinder unterrichtet werden. Ohne Assimilationspflicht der Zuwanderer wären die Minderheitssprachen akut gefährdet. In großen Städten – besonders in der Bundesstadt Bern – könnte jedoch nach Meinung mancher Beobachter das Territorialprinzip weniger strikt gehandhabt werden.

Der Sprachenartikel 116 der Bundesverfassung bestimmt: „Das Deutsche, Französische, Italienische und Rätoromanische sind die Nationalsprachen der Schweiz. – Als Amtssprachen des Bundes werden das Deutsche, Französische und Italienische erklärt." Der Artikel soll neu formuliert werden. Dabei stellen auch die vielen Ausländer verschiedenster Sprachen – darunter spanisch, portugiesisch, türkisch – zusätzliche sprachpolitische Probleme. Nach Ansicht einer Expertengruppe unter der Leitung des Juristen Peter Saladin (Universität Bern) ist die rätoromanische Sprache höchst gefährdet, das Italienische verliert zunehmend an Gewicht.

## Orselina spricht deutsch

Italienisch wird vor allem im Kanton Tessin (273 000 Einwohner) und in einigen Bündner Tälern (zusammen 13 000 Einwohner) gesprochen. Die italienische Schweiz bildet keine geographische Einheit. Der Anteil des Italienischen in der Schweiz hat zwar nach der Zuwanderung zahlreicher Fremdarbeiter zugenommen: 70 Prozent der Italienischsprachigen wohnen heute außerhalb der Stammlande Tessin (28,3 Prozent) und Graubünden (1,7 Prozent). Im Kanton Tessin sprachen vor dem Gotthard-Durchstich 99 Prozent der Bewohner italienisch, heute sind es noch 84 Prozent. Zeitweise bekam das Tessin die Überheblichkeit der Deutschschweiz zu spüren. So hatten Tessiner anfänglich wenig Chancen, eine Stelle bei der Gotthardbahn zu erhalten. Der Deutschschweizerische Sprachverein verstieg sich zu der Behauptung: „Der Tessiner hat für den Bahndienst keine Begabung. Er ist, wie seine Volksgenossen in Italien, für einen Dienst, der nachhaltige Ausdauer, unerbittliche Zuverlässigkeit und Pflichttreue verlangt wie der Eisenbahndienst, nicht geeignet, oder doch viel weniger als der sich einer strammen Zucht gern fügende Deutsche." Derartige Verallgemeinerungen sind heute kaum mehr zu hören, und doch sieht der Deutschschweizer den Tessiner immer noch gern als Lebenskünstler, der sich kaum für etwas anderes interessiert als Wein, Weib und Gesang.

Die touristische Sonnenstube zieht immer mehr deutschsprachige Zuwanderer an. Deutsche und Deutschschweizer stellen in einigen Gemeinden – Muralto, Ronco, Castagnola, Ascona – ein Drittel bis die Hälfte der Bevölkerung, in Orselina gar die Mehrheit. Manche Beobachter sehen die Italianità – besonders im Bergell und anderen Bündner Tälern – in Gefahr, obwohl die Kontakte mit dem kulturellen Hinterland Italien immer enger werden. Das Tessin ist mehrfach abhängig: politisch von der Deutschschweiz im Norden, kulturell von Italien im Süden, wirtschaftlich seit je von Norden, seit dem Zweiten Weltkrieg auch von Süden her.

Für vier von fünf Tessinern ist italienische Mundart die Muttersprache – mit großen Unterschieden nach Alter, Wohnort, sozialer Schicht und Bildungsgrad. Die Umlaute der lombardischen Dialekte (mür = Mauer, cör = Herz) und andere Eigenheiten erinnern an das Französische. Sie waren jedoch – im Gegensatz zum Schweizerdeutschen – nie ein Element nationaler Identifikation; ja, manche Lehrer verboten ihren Gebrauch bis zum Zweiten Weltkrieg. Auch die Standardsprache hat ihre schweizerischen Besonderheiten, zum Teil parallel zum Deutschen, Französischen und Rätoromanischen, so bei ‚Prospekt – prospectus – prospect – prospetto' (was ‚Perspektive' heißt und in Italien nur in diesem Sinne bekannt ist). Die schweizerischen Lebensformen schaffen gemeinsame Traditionen, die in den Nachbarländern fehlen.

*Rätoromanisch – eine sterbende Sprache?*

Die kleinste Sprachminderheit – weniger als ein Prozent der Schweizer – bilden die Rätoromanen im Bündnerland. Rätoromanisch wird zwar auch in den Dolomiten und im Friaul gesprochen, doch diese Gebiete haben kaum Kontakt mit den Bündnern und bilden kein sprachliches Hinterland wie die großen Nachbarstaaten der Schweiz.

Die Rätoromanen sind Nachkommen der romanisierten Räter, nach denen die römische Provinz Rätien benannt war. Die Räter, verwandt mit Ligurern und Venetern, bewohnten in vorgeschichtlicher Zeit die Alpen östlich des Gotthards bis an die Adria, im Süden bis an den Rand der Po-Ebene und nach Norden bis an den Bodensee. 15 v. Chr. eroberten die Römer das Land und gliederten es in ihr Weltreich ein. Im Lauf von Jahrhunderten mischte sich die rätische Sprache mit dem Latein der Römer zum Rätoromanischen; die Christianisierung vertiefte den lateinischen Einfluß. Um 300 teilte Kaiser Diokletian die Provinz Rätien in eine Raetia prima (Hauptstadt Chur) und in eine Raetia secunda (Hauptstadt Augsburg), die im 5. Jahrhundert in die Hände der Germanen fiel. Als sich das Bistum Chur vom Erzbistum Mailand löste und zum Erzbistum Mainz kam, lockerten sich seine Bindungen zum romanischen Süden. Kolonisten aus dem Wallis besiedelten hochgelegene Landschaften in Graubünden. Chur wurde im 15. Jahrhundert nach einem großen Brand germanisiert; die rätischen Alpentäler verloren damit ihr Zentrum.

Im Industriezeitalter schritt die Germanisierung der Bündner Täler rasch fort; das rätoromanische Sprachgebiet schrumpfte und zerfiel in Teilgebiete. „Die Geschichte des Rätoromanischen ist die Geschichte eines ständigen Territorialverlusts", klagt Bernard Cathomas von der Kulturvereinigung Lia Romontscha. „1850 hatte das Rätoromanische noch die relative Mehrheit im Kanton Graubünden: 123 der 220 Gemeinden waren mehrheitlich bis zu hundert Prozent romanisch; 1970 waren es noch 81 Gemeinden, 1980 nur noch 73. Die Tendenz ist klar; die Perspektiven für die Rätoromania sind düster." Und viele Rätoromanen verharren, wie Cathomas bedauernd feststellt, in stummer Resignation.

Von den rund 51 000 Rätoromanen (1980) leben 36 000 im Kanton Graubünden (22 Prozent der Kantonsbevölkerung), davon 30 000 im eigentlichen rätoromanischen Sprachgebiet, über 20 000 in der sprachlichen Diaspora. Die wichtigsten Stammlande sind das Vorderrheintal und das Engadin. Bündnerromanisch, mit den anderen romanischen Sprachen eng verwandt, ist zwar kantonale Amtssprache, doch im Kantonsparlament sprechen romanische Abgeordnete fast ausnahmslos deutsch, und alle Rätoromanen sind heute gezwungenermaßen zweisprachig. Die Dialekte sind stark zersplittert. Schulbücher werden in fünf verschiedenen Sprachvarianten gedruckt; erst seit 1982 entsteht das (von dem Zürcher Romanisten Heinrich Schmid entwickelte) Rumantsch grischun als Gesamtbündner Schriftsprache. Doch die Situation des Rätoromanischen hat sich in den letzten Jahrzehnten katastrophal verschlechtert. Schmid befürchtet „eine fortschreitende Aushöhlung, Schwächung und schließlich völliges Erlöschen einer der vier schweizerischen Nationalsprachen".

## Sprachen als geistige Ökosysteme

Die Experten für einen neuen Sprachenartikel der Bundesverfassung wollen „Gegensteuer geben". Sie erklären, Sprachen seien „geistige Ökosysteme, die nicht weniger wertvoll und erhaltenswürdig sind als die natürliche Umwelt". Je bedrohter eine Sprache, desto wichtiger seien Maßnahmen zu ihrer Erhaltung. Deshalb müsse die Bundesregierung Rätoromanisch stärker unterstützen als bisher und damit in eine kulturelle Domäne eingreifen, die bis jetzt vor allem Sache der Kantone war.

In der Schweiz – kein Nationalstaat, keine Nation im üblichen Sinn – erwacht langsam ein neues Bewußtsein: In kulturellen und sprachlichen Fragen darf nicht das demokratische Mehrheitsprinzip entscheiden. Minderheiten müssen der Mehrheit gleichgestellt sein – eine Herausforderung besonders an die Deutschschweiz! Sie soll nicht nur die deutsche Sprache pflegen, sondern auch das Rätoromanische erhalten, das Italienische stärken und das Französische als Weltsprache fördern. Die Schweiz muß ihre Aufgabe als kulturelle Drehscheibe Europas erkennen.

Frankreich hat inzwischen „die Provinz" entdeckt. Als der Waadtländer Schriftsteller Jacques Chessex 1973 mit dem Prix Goncourt ausgezeichnet wurde, verließ die Académie Goncourt zur Preisverleihung erstmals Paris, um „einige Fehler gutzumachen", wie Académie-Sekretär Armand Lanoux in Lausanne erklärte: „Bisher waren wir gefangen im Parisianismus".

Französisch, im 18. Jahrhundert Verständigungsmittel der Oberschicht aller Länder Europas, hat viel von seinem früheren Prestige und gegenüber dem Englischen an Bedeutung verloren. In der Frankophonie-Bewegung versucht Frankreich eine Solidarität aller französischsprachigen Gebiete (meist ehemalige Kolonien) herzustellen. 1970 wurde auf Anregung afrikanischer Staatsmänner eine ‚Agentur für kulturelle und technische Zusammenarbeit' gegründet. Die Schweiz stand anfänglich abseits: Die Bundesregierung wollte „nicht die Sprache zu einem Faktor der Außenpolitik machen". Allerdings hatten sich schon früher Minister der drei ganz oder mehrheitlich deutschsprachigen Länder Bundesrepublik, Österreich und Schweiz getroffen. Als Staatspräsident François Mitterrand 1985 zu einem ersten Frankophonie-Gipfeltreffen nach Paris einlud, entsandte die Schweiz einen Beobachter, auch beim zweiten Treffen in Québec; erst beim dritten Frankophoniegipfel in Dakar 1989 nahm die Schweiz als Vollmitglied teil. Französisch ist die einzige Sprache, die zahlreiche afrikanische Länder und die Schweiz gemeinsam haben. Außerdem spricht man sie auch in Kanada und Polynesien. Sie öffnet der Schweiz Fenster und Türen zur Welt, besonders zur Dritten Welt.

*Kulturaustausch*

Die Kulturen der Schweiz brauchen Zusammenarbeit mit gleichsprachigen Ländern. Aber auch innerhalb der Landesgrenzen ist der Kulturaustausch wichtig. Jahr für Jahr reisen mehrere tausend Au-pair-Mädchen und rund 150 Schulklassen in ein anderes Sprachgebiet. Größere Zeitungen, Rundfunk und Fernsehen entsenden Inland-Korrespondenten, die das Geschehen im ‚sprachlichen Ausland' kommentieren. Eine von der Stiftung für eidgenössische Zusammenarbeit gegründete Buchreihe, die *CH-Reihe*, fördert Übersetzungen von Werken in den vier Nationalsprachen. Auch die Sprachlehrmittel der Schulen sollen die Landesteile einander näherbringen. So fordert der Basler Romanist Georges Lüdi den Einbau der Landeskunde in ein Französischstudium, das den jungen Deutschschweizer mit der Westschweiz vertraut machen soll. Freiburger Sprachwissenschafter schufen einen Lehrgang für ‚Modärns Schwyzertütsch' und die Methode ‚Los emol' (Hör mal), mit der Genfer, Tessiner oder Deutsche Schweizerdeutsch zwar nicht sprechen, aber doch verstehen lernen, um dann auf Hochdeutsch zu antworten.

Die Romands lernten deutsch bisher mit mäßiger Begeisterung. Als die Waadt bernisches Untertanengebiet war, rettete sich, wie es heißt, ein Mann namens Prodoillet durch eine Notlüge vor dem Galgen. Der Landvogt wollte ihm vor der Hinrichtung einen letzten Wunsch gewähren. Prodoillet erklärte, er hätte so gern deutsch gelernt, sei aber nie dazu gekommen. So viel Einsicht stimmte den Landvogt milde: Er holte den armen Sünder vom Schafott und schickte ihn zum Deutschlernen nach Bern, wo er auch zehn Jahre später immer noch nur Französisch sprach. Die Anekdote galt einer Lausanner Zeitung als Hinweis dafür, daß Welsche erst unter Todesdrohung Deutsch lernen wollen, aber auch dann nicht dazu imstande seien.

Die Westschweizer Schulen scheinen diese Meinung nun zu widerlegen: Alle welschen Kantone haben beschlossen, den Deutschunterricht für sämtliche Schüler vom vierten oder fünften Schuljahr an einzuführen. In den Deutschschweizer Kantonen gab es zum Teil größeren Widerstand gegen den allgemeinen Französischunterricht. Allgemeines Lernziel ist: alle Schweizer sollten soviel Deutsch, Französisch und Italienisch verstehen, damit sie sich mit ihren Landsleuten verständigen können – jeder in seiner Sprache. Doch vorläufig gilt noch: die Schweiz ist mehrsprachig, die Schweizer sind es nicht unbedingt. Der notwendige Kulturaustausch sollte jedenfalls nicht die Minderheiten an die Mehrheit angleichen, sondern sie eigenständig fördern. Die Schweiz ist ein Land der Gipfel und Gräben, würden sie eingeebnet, so käme das Land – flach heraus.

## 3. Katholiken und Protestanten

Den Menschen droht „die Herrschaft des Satans, der dann vermittels der Juden und Freimaurer über die ganze Welt herrschen kann", predigt der französische Erzbischof Marcel Lefebvre, geboren 1905, Gründer der Priesterbruderschaft Pius X. und eines Priesterseminars im Walliser Weiler Ecône. Die Bruderschaft benennt sich nach Papst Pius X. (1903–1914), der den Modernismus kompromißlos ablehnte und später heiliggesprochen wurde; sein Katechismus ist ihr Glaubensbuch.

Für Lefebvre kam das Unglück mit dem Sieg der ‚Modernisten', die er auch „liberale Sekte" nennt, auf dem Zweiten Vatikanischen Konzil (1962–1965): „Den Liberalen ist es gelungen, durch Papst und Konzil die Prinzipien von 1789 absegnen zu lassen" – diejenigen der französischen Revolution, die das absolute Königtum stürzte und die Menschenrechte verkündete. Und diese Prinzipien seien des Teufels, meint Lefebvre, der an ihrer Stelle die Gottesrechte sehen will. Seine Devise: Zurück in die Zeit vor dem Vatikanum II, vor die Revolution! Zurück zum alten Glauben, zur einzigen, unveränderbaren Wahrheit!

### *Werk des Teufels?*

Die beiden Vatikanischen Konzile, wie die früheren nach dem Tagungsort benannt, haben die katholische Kirchengeschichte stark geprägt. Das erste, 1869 einberufen von Papst Pius IX., wollte die Kirche vor den modernen Strömungen des Rationalismus schützen und verkündete – gegen den harten Widerstand einer Minderheit – die Unfehlbarkeit des Papstes in Fragen des Glaubens und der Sitte. Mit dem zweiten wollte

Papst Johannes XXIII. innerkirchliche Reformen anstreben und die Einheit der Christen vorbereiten. Die Konzilsväter erneuerten die Liturgie und öffneten die Kirche gegenüber anderen Konfessionen und Religionen – zu leichtsinnig nach Ansicht Lefebvres.

Sein Priesterseminar hatte er in Freiburg im Üechtland mit Zustimmung des Ortsbischofs Charrière gegründet. Doch „als Freiburg zum Modernismus überging, siedelte ich nach Ecône um", erklärt Lefebvre. 1968, während linksradikale Studenten den Muff von tausend Jahren abschütteln wollten, kauften konservative Walliser Honoratioren – darunter ein christlich-demokratischer Staatsrat und der Sekretär seiner Partei – von den Chorherren vom Großen Sankt Bernhard eine Liegenschaft in Ecône, um sie vor Zweckentfremdung zu bewahren. Lefebvre zog 1970 ein.

Zu Tausenden wallfahren nun Pilger aus der Schweiz und dem Ausland nach Ecône, aus Frankreich und der Bundesrepublik (aus Bayern vor allem), aus Österreich, Italien, Spanien. Weltweit sollen sich rund 100 000 Katholiken zu Lefebvre bekennen, rund 50 000 in Frankreich (oft Anhänger des rechtsextremen Politikers Le Pen), 30 000 in der Bundesrepublik, einige Tausend in der Schweiz.

„Ein Schisma?", fragt Lefebvre und gibt selbst die Antwort: „Nein, wir trennen uns nicht von der heiligen Mutter Kirche. Rom ist es, das seit dem Zweiten Vatikanischen Konzil im Schisma zur katholischen Tradition lebt." Und: „Wir sind, glaube ich, in der Zeit der Finsternis angelangt. Der Antichrist plant die Entthronung Unseres Herrn Jesus Christus, die Einebnung der Kirche auf die Ebene der falschen Religionen, den Abfall vom Glauben." Der Papst sei zwar „physisch immer noch erreichbar, aber moralisch nicht mehr, weil er völlig auf den Ökumenismus, wie er ihn versteht, ausgerichtet ist, auf die Religionsfreiheit". Ökumenismus und Religionsfreiheit seien Werke des Satans, und: „der Irrtum ist immer leichter zu verbreiten als die Wahrheit, das Böse bequemer zu propagieren als das Gute". Auf dem Vatikanischen Konzil sei die wahre Religion den falschen Religionen gleichgestellt worden; dies entspreche genau dem satanischen Plan, doch: „Der einzige Weg zum Heil ist die katholische Kirche; im Himmel gibt es keine Protestanten; es gibt dort nur Katholiken" ...

## Bischofsweihen in Ecône

So suchen immer mehr Katholiken ihr Heil bei Monseigneur Lefebvre. Besonders groß war der Andrang in Ecône jeweils bei Priesterweihen – oder bei den Bischofsweihen des Jahres 1988. Dutzende von Bussen, Tausende von Personenwagen drängten sich zum Weiler mit dem Priesterseminar und einem Kraftwerk. Die Hotels im Mittelwallis waren bis auf das letzte Kinderbett besetzt, zahlreiche Ecône-Pilger campierten in Wohnwagen, andere hatten dicht daneben eine Zeltstadt errichtet. Neben einem Festzelt für einige Tausend Personen standen Buden mit Büchern und Flugschriften, mit ‚Seminarwein', Bratwürsten und Apfelkuchen; auch eine Wechselstube fehlte nicht. Ein buntes Menschengewimmel erfüllte die Mähwiesen: hochgewachsene Seminaristen in schwarzen Priesterröcken, Dutzende von Soutanengeistlichen, Trachtenleute aus Appenzell und Afrika, katholische Pfadfinder, Mütter mit Kinderwagen, weiße und schwarzweiße Klosterfrauen, Kapuziner- und Dominikanermönche. Man drängte in die Stuhlreihen der großen Festhalle, ließ sich auf mitgebrachten Wolldecken auf der Wiese nieder oder setzte sich auf Feldstühle.

Hunderte von Journalisten eilten hin und her, erkennbar an Schildchen wie *La Stampa, Le Figaro* oder *Baltimore Sun*; ein Fernsehteam war speziell aus Tokio angereist; die BBC kam vom Himmel hoch im Helikopter angetuckert. Ein Winkel der Festhalle war für die Messesänger vorbehalten, ein anderer der Presse. Kameraleute kletterten übereinander, Photographen suchten sich zwischen ihnen durchzuzwängen, Journalisten stiegen auf die Bänke, um einen Blick in die Halle zu erhaschen, in die ein Festzug einmarschierte: an der Spitze Monseigneur Lefebvre im glänzenden Bischofsornat, ein älterer Herr mit wäßrigen Augen und wächsern durchschimmerndem Gesicht, im Ausdruck unveränderlich wie eine Gestalt aus Madame Tussauds Wachsfigurenkabinett.

„Ich will weitergeben, was ich empfangen habe", sagte Lefebvre schlicht. Er wolle sich aber nicht als Papst an die Stelle des Papstes setzen, sondern ein einfacher katholischer Bischof bleiben. Oft unterbrach Applaus seine Rede. „Wir müssen zurück zur Tradition", rief er aus. „Frühere Päpste haben Modernismus, Liberalismus, Kommunismus und Sozialismus verurteilt. Diese Verurteilungen gelten heute noch." Die Bischofsweihe sei ein Werk des Überlebens. Durch göttliche Vorsehung sehe er sich gezwungen, „die Gnade des heiligen Bischofsamtes weiterzugeben".

Ein Bischof darf nur in päpstlichem Auftrag Bischöfe weihen. Da Lefebvre eigenmächtig handelte, waren mit dem Weiheakt die neuen Bischöfe automatisch exkommuniziert – ihrer vier: der konvertierte Anglikaner Richard Williamson aus London, der Bruderschafts-Generalsekretär Bernard Tissier aus dem nahen Savoyen, der in Argentinien tätige Spanier Alfonso de Galaretta und der Schweizer Bernard Fellay.

Der damals 29jährige Fellay ist im Wallis aufgewachsen, genauer: in Ecône. Sein Vater war Betriebsleiter des Elektrizitätswerks. Mit 24 wurde er von Lefebvre zum Priester geweiht und später zum Ökonomen der Priesterbruderschaft ernannt. Auf die Frage nach dem Grund für die Priesterweihen antwortet Fellay: „Unser Leiter wird alt. Er spürt, daß er bald sterben wird. Wir konnten nicht länger warten. Der Papst war zwar einverstanden mit einem Bischof, aber nicht mit vier..." Ecône werde keine Parallelkirche: „Wir wollen uns nicht von Rom trennen. Eine Zeitlang werden sich die Spannungen verschärfen, doch wir werden uns wieder finden."

*Kirche und Demokratie*

Pater Franz Schmidberger leitet die weltweite Fraternität vom Generalhaus im Solothurner Dorf Rickenbach aus. Der aus Deutschland stammende Generalobere und Nachfolger Lefebvres an der Spitze der Priesterbruderschaft ließ sich nicht zum Bischof weihen, wurde nicht exkommuniziert und bleibt daher Ansprechpartner des Vatikans. Er verkündet die Glaubenssätze manchmal etwas geschmeidiger in der Form, doch stets ebenso strikt im Inhalt wie sein Meister. Der traditionelle Lehrsatz „Außerhalb der Kirche kein Heil" bedeute nicht, „daß jeder, der sich äußerlich nicht zur katholischen Kirche bekennt, auch verdammt ist, denn es ist ja möglich, daß jemand unbewußt der Kirche nachlebt". Doch der Protestant oder Moslem, der das Heilsangebot der Kirche bewußt ausschlage, ziehe gewiß die Verdammung auf sich, wobei menschliches Ermessen in dieser Frage nicht endgültig sein könne. Laien und Frauen gehörten nicht in kirchliche Ämter. Mann und Frau hätten vor Gott zwar dieselbe Würde, aber ihre soziale Gleichstellung komme vom Teufel. Schmidberger lehnt die Schweizer Demokratie ab, „soweit sie vom liberalen Geist abkünftig ist", ebenso die Staatsformen Frankreichs, Deutschlands, Amerikas und „zusehends auch Spaniens". (Die Franco-Diktatur genoß die Sympathien Lefebvres.) Doch die Staatsform sei weniger wichtig als die Unterwerfung des Staates unter die Kirche, „weil es eine menschliche Autonomie nicht gibt".

Der Solothurner Historiker Urs Altermatt, Professor an der Universität Freiburg, erklärt: „Es ist durchaus möglich, daß sich am Ende des 20. Jahrhunderts der allgemeine Rationalisierungs- und Säkularisierungsprozeß verlangsamt hat, weil die Menschen der postmodernen Sensibilität nicht ohne Gott leben wollen und können – im Protestantismus gewinnt das Schriftprinzip, im Katholizismus die Tradition wieder an Bedeutung." Er sieht „eine heimliche Rückkehr von Religion und Mythos nach der reformfreudigen Aufklärungsphase nach 1968". Damals wehte ein „Sturmwind der Revolte" durch die Kirche. Priester mißachteten das Gebot der Ehelosigkeit und wurden deswegen ihres Amtes enthoben, andere verkündeten, Kampf für soziale Gerechtigkeit sei wichtiger als Barmherzigkeit. Laien und Priester wandten sich gegen die katholische Staatsschule, gegen die Folter in Brasilien und die Leiden in

Vietnam, so daß der Freiburger Domherr Paul von der Weid klagte: „Wir fallen in eine neue Religion, die nicht mehr die Religion ist, die Christus wollte: der Kult des Menschen tritt anstelle des Gottesdienstes." Mit Lefebvre schwingt nun das Pendel wieder in die Gegenrichtung.

Der Schweizer Theologe Hans Küng, Professor an der Universität Tübingen, dem die römische Glaubenskongregation 1979 die kirchliche Lehrerlaubnis entzog und der seither keine katholischen Theologen mehr ausbilden darf, sieht Fehler auch auf seiten der Konzilsmehrheit: Sie habe dem katholischen Volk nicht rechtzeitig klargemacht, warum 450 Jahre nach Martin Luther nun doch die Muttersprache in der Liturgie eingeführt werde, außerdem habe sie sich gegenüber abweichenden Meinungen allzu legalistisch verhalten: „Man hätte Erzbischof Lefebvre und einigen andern gestatten können, die bisher gültigen lateinischen Meßformulare auch weiterhin zu benützen. Statt dessen hat man rigoros verboten, was 450 Jahre lang als die einzig orthodoxe katholische Form galt." Für Küng ist es „tragisch für diesen Papst der Restauration, daß gerade er ein solches Schisma von Leuten erlebt, die ihm eigentlich nahestehen. Er wird ja nun sozusagen rechts überholt. Zwar tut man zur Zeit auch vom Vatikan aus alles, um das Vatikanum II wieder rückgängig zu machen – vor allem durch die Ernennung reaktionärer Bischöfe in Chur oder Wien oder auch vorher schon in den Niederlanden, in Nord- und Lateinamerika, ja in der ganzen Welt. Aber die feierlichen Entscheide des Zweiten Vatikanischen Konzils wieder rückgängig zu machen, das wagt auch dieser Papst aus Polen nicht, sosehr ihm vieles mißfällt."

## *Umstrittene Bischofsweihe in Chur*

Die katholische Kirche der Schweiz hatte nach dem II. Vatikanischen Konzil den Weg einer vorsichtigen Öffnung eingeschlagen. Die Synode 1972–1975 diskutierte die Themen des Aufbruchs und führte wichtige Neuerungen ein. Bald versuchte der Vatikan den Drang nach Eigenständigkeit zu bremsen, so über die Ernennung konservativer Bischöfe, etwa in Lugano und in den Diözesen Lausanne-Genf-Freiburg und Basel. Für Chur ernannte der Papst einen Koadjutor unter Umgehung bisheriger Rechte.

Eine Protestwelle, „die in der Schweizer Kirchengeschichte ihresgleichen sucht" (so Michael Meier im *Tages-Anzeiger*), erlebte ihren Höhepunkt, als der Churer Bischof Johannes Vonderach an Pfingsten 1988 den konservativen Liechtensteiner Priester Wolfgang Haas zum Weihbischof und designierten Nachfolger weihte. Ein Menschenteppich vor dem Churer Mariendom nötigte die Gäste zu einem Spießrutenlauf. Der neue Weihbischof wurde anschließend mehrfach an seiner Amtsausübung gehindert; verschiedene Pfarreien weigerten sich, ihn als Firmspender zu empfangen. Eine kritische Kirchenzeitung mit dem programmatischen Titel *Aufbruch* entstand und gewann in einem Jahr 8000 Abonnenten. „Das Vertrauen in die Bistumsleitung ist zerstört", klagte der Zürcher Pfarrer Ferdinand Schirmer, Mitglied des Priesterrates der Diözese, der *Weltwoche*. Die große Mehrheit der Priester verlangte, Haas solle auf das Nachfolgerecht verzichten. Tausende von Protestbriefen trafen in Chur ein. Für Vonderach waren die Proteste „skandalös", Haas sah darin "Krankheitserscheinungen". 1990 trat er die Nachfolge Vonderachs an – und weckte neue Proteste.

Ein Bundesbeschluß aus dem Jahr 1859 und die Bundesverfassung regeln die Zusammenarbeit mit der katholischen Kirche. Schweizerisches Gebiet darf nur einem Bischof mit inländischem Wohnsitz unterstellt werden. Bistümer dürfen nur mit Genehmigung des Bundes errichtet werden; der Apostolische Stuhl darf die kirchlichen Verwaltungssprengel nicht ohne Mitbeteiligung der Bundesbehörden festlegen. Privilegien und Konkordate bestimmen zum Teil das Bischofswahlrecht in der Schweiz. In Sitten, Lugano und Genf–Lausanne–Freiburg ernennt der Apostolische Stuhl die Bischöfe (Einschränkung seit 1918 in Sitten: kein Bischof, der der Walliser Regierung nicht genehm ist). Für die übrigen Bistümer bestehen vertraglich abgesicherte Sonderregelungen. Im Bistum Basel hat das Domkapitel gemäß Konkordat von 1828 das Recht, den Bischof aus den Diözesangeistlichen frei zu wählen, nachdem Kantonsvertreter aus einer Sechserliste „minder genehme Kandidaten" gestrichen haben. Ähnlich im Bistum St. Gallen: Gemäß Konkordat von 1845 und einer Bulle von 1847 wählt das Domkapitel den Bischof, nachdem ein staatskirchliches Gremium minder genehme Kandidaten gestrichen hat. Im Bistum Chur hätte das Domkapitel, bestehend aus 24 Priestern der Bistumskantone, gemäß einem Privileg aus dem Jahre 1948 das Recht, aus einem Dreiervorschlag des Apostolischen Stuhls den Bischof frei zu wählen.

Thomas Fleiner, Professor für Staatsrecht an der Universität Freiburg, erklärt: „Die Schweiz ist, vielleicht abgesehen von England, der Staat, in dem die Reformation in viel stärkerem Maße als anderswo eingebunden war in die politische Demokratie, indem nämlich Zwingli dem Zürcher Parlament praktisch jene Kirchenrolle zusprach, die Heinrich VII. dem englischen Parlament zuwies. Die Schweiz ist geprägt von diesem Kontext. Die Kirche muß dem Rechnung tragen, weil auch wir Katholiken in diesem Kontext leben und von diesem Verständnis her beeinflußt sind, wenn wir kirchenrechtlich leben." Ein Nuntius habe gesagt, die Schweizer Katholiken seien eigentlich nichts anderes als protestantische Katholiken. „Dieser Ausspruch deutet darauf hin, daß es für einen Katholiken in der Schweiz, wenn er sich identifiziert mit dem schweizerischen Staat, immer ein gewisses Spannungsverhältnis gibt, solange als die Kirche nicht jene demokratischen Tendenzen aufnimmt, von denen letztlich heute ja die ganze Welt geprägt ist." Man könne „nicht Leute wählen, die das Vertrauen der lokalen Bevölkerung nicht haben". Auch Privilegien seien Rechte, die durchsetzbar sein müßten, ein Rechtsanspruch, dem auch die Kirche unterstellt sei.

## Christentum in Helvetien

Das Christentum war in römischer Zeit nach Helvetien gekommen. Das älteste erhaltene christliche Dokument in der Schweiz ist eine römische Marmortafel mit Christusmonogramm von 377 in Sitten: Offenbar waren die Bewohner des Walliser Hauptorts damals mehrheitlich Christen. Am Ende des 3. Jahrhunderts hatte der römische Kaiser Maximian, der Mitregent Diokletians, die ägyptischen Soldaten seiner Thebäischen Legion niedermetzeln lassen, weil sie zum christlichen Glauben übergetreten waren. Die Legion hatte ihren Namen von der Landschaft Thebais (Hauptstadt: Theben), Heimat zahlreicher Märtyrer und Wiege des Mönchtums, die bereits seit dem 2. Jahrhundert christlich war. Die Leichen verscharrte man bei Agaunum, das später nach Mauritius, dem heiliggesprochenen Anführer der aufständischen Soldaten, als Saint Maurice bezeichnet wurde. 360 ließ der Walliser Bischof Theodor (auch Theodul genannt) die Gebeine der thebäischen Märtyrer ausgraben und dicht am Fuße des Felsens bestatten. Saint Maurice, ab 515 Sitz eines Klosters, wurde zum wunderträchtigen Wallfahrtsort und Reichsheiligtum im ‚westschweizerischen' Königreich Burgund.

Das Walliser Bistum (mit Bischofssitz Sitten statt wie früher Martigny) konnte sich – wie die Bistümer Chur und Genf – durch die Erschütterungen der Völkerwanderung hindurchhalten. Der Bischof der Helvetier zog von Vindonissa (Windisch) nach Aventicum (Avenches) und von dort nach Lausanne, der Bischof der Rauracher von Augusta Raurica nach Basel. Nach dem Eindringen der Alemannen kam es zu einer zweiten Christianisierung. Dabei verhalf der Zusammenbruch des Christentums im alemannischen Gebiet dem Bistum Konstanz zu übermächtigem Einfluß.

Seit dem 6. Jahrhundert verkündeten irische Wandermönche um Kolumban im fränkischen Reich das Evangelium; zu ihnen gehörten Gallus, auf den Kloster und Stadt Sankt Gallen zurückgehen, und Fridolin, der Schutzpatron des Landes

Glarus, sowie Ursicinus, der Gründer der Abtei Saint-Ursanne (St. Ursitz) im Jura. Um die heiligen Männer rankten sich bald Legenden: friedvolle Bären brachten Ursicinus und Gallus Nahrung in die Einsiedelei. Der aus dem Jura stammende Heilige Hymerius, Gründer der Abtei St-Imier (St. Immer) besiegte auf einer Fahrt ins Heilige Land einen fürchterlichen Greif (ein Fabeltier mit Löwenleib, Adlerkopf und -flügeln, Pferdeohren und Fischflossen); eine angebliche Greifenklaue wurde in St. Immer bis zur Reformation als Reliquie verehrt.

Klöster wie Romainmôtier (schon um 500 gegründet), Münster-Grandfelden (630) und später St. Gallen (720) wurden zu Kulturzentren von europäischer Bedeutung. Der St. Galler Mönch Notker Balbulus („der Stammler', ca. 840–912) war einer der größten Dichter des lateinischen Mittelalters, Ekkehard I. gilt als Verfasser einer Vorlage für das Waltharilied, Notker der Deutsche (ca. 940–1022) wurde als Leiter der Klosterschule, Mathematiker, Musiker und Übersetzer antiker Werke berühmt.

Neben dem Mönchtum entwickelte sich eine besondere Form schweizerischer Mystik auch unter Laien. Niklaus von Flüe (1417–1487), freier Bauer, Familienvater, Ratsherr, Richter, Tagsatzungsgesandter, Heerführer und vorgesehen als Landammann (Staatsoberhaupt), zog sich als Fünfzigjähriger in die Einsamkeit der Ranft-Schlucht zurück und verbrachte die letzten zwanzig Lebensjahre in völliger Askese. ‚Bruder Klaus' war mystisch-gottversunken und weltoffen zugleich; er kam in den Ruf eines weisen Ratgebers. Herzog Sforza von Mailand, Herzog Sigmund von Österreich, die Republik Venedig und die Stadt Konstanz konsultierten ihn. Schließlich half er den Eidgenossen, einen Bürgerkrieg zu vermeiden. Er wurde später als Landespatron verehrt und 1947 sogar heiliggesprochen.

Der kleine Bund der Eidgenossen faßte gegen Ende des 14. Jahrhunderts Beschlüsse, die bereits wie eine Vorwegnahme der Gleichheit vor dem Gesetz in der Erklärung der Menschenrechte anmuten: Ein Vertrag, der sogenannte Pfaffenbrief von 1370, betont den Vorrang des einheimischen

*Die Basler Fasnacht beginnt morgens 4 Uhr mit dem „Morgenstreich"*

staatlichen Rechts vor dem Feudalrecht und dem Kirchenrecht. Das Dokument hält fest, daß ausnahmslos jeder gleich zu behandeln sei, „er sei Pfaff oder Lai, Edel oder Unedel" (Priester oder Laie, adelig oder nicht). Eidgenossen hatten sich nur vor dem einheimischen Richter zu verantworten; lediglich Fragen von Ehe oder Religion konnten von geistlichen Gerichten abhängen. Die Eidgenossen bestimmten damit den Primat ihrer kleinen Staaten gegenüber der Feudalordnung und der Kirchenhierarchie.

## Humanismus und Reformation

Die Renaissance der antiken Kultur in den italienischen Stadtstaaten und die großen Entdeckungen wandelten das mittelalterliche Weltbild. In der Schweiz, besonders in Basel mit seiner

1460 gegründeten Universität, entwickelte sich ein reges Geistesleben, vor allem getragen vom aufstrebenden Bürgertum der Städte. Der niederländische Humanist Erasmus von Rotterdam rühmte das Basel des Druckers Frobenius als „Musensitz".

Die Reformation sollte die Spannung zwischen den Ländern der Urschweiz und den aufblühenden Städten – besonders den Republiken Zürich und Bern – verstärken. Die Städte wollten die eidgenössischen Orte zu einem Staat verbinden. Die Eidgenossenschaft war ein lockerer Bund souveräner Kleinstaaten, zusammengehalten durch verschiedene Bündnisse und Verträge. Im obersten gemeinsamen Organ, der Tagsatzung, waren alle Orte durch Gesandte gleichberechtigt vertreten. Die fünf innern Orte fürchteten die Vorherrschaft der mächtigen Stadtstaaten Zürich und Bern – eine Entwicklung wie im übrigen deutschen Reich. An der Tagsatzung zu Stans 1481 wirkte Niklaus von Flüe als Vermittler; der drohende Bürgerkrieg brach nicht aus. Zwei neue Städte – Freiburg und Solothurn – wurden in den Bund aufgenommen, doch die Orte blieben selbständige kleine Staaten. Von Flüe warnte die Miteidgenossen vor den Versuchungen der Expansionspolitik: „Stecket den Zun nid zu wyt! Mischet üch nid in fremde Händel!" Die Mahnung gilt auch heute noch oft als Leitmotiv schweizerischer Politik.

Nach der Reformation zerschnitten Konfessionsgrenzen die Schweiz, meist entlang den Kantonsgrenzen, manchmal innerhalb eines Kantons. Im katholischen Glarner Dorf Näfels ertönten bis ins 19. Jahrhundert die Neujahrsglocken, bevor jenseits des Flüßchens Linth das reformierte Mollis Weihnachten feierte: Als die Katholiken zum Gregorianischen Kalender übergegangen waren, blieben die Reformierten beim alten Julianischen Kalender, und so lebten Protestanten und Katholiken dicht nebeneinander in verschiedenen geistigen Welten und gleichzeitig in verschiedenen Zeiten. Sie hatten verschiedene Landsgemeinden und trafen sich bei gegnerischen Tagsatzungen, bekämpften sich in blutigen Schlachten und verbündeten sich mit europäischen Großmächten gegen die Andersgläubigen im eigenen Land. Doch die jeweiligen Sieger kosteten ihre Rache nicht aus bis zur völligen Vernichtung des Unterlegenen: Die Schweiz erlebte keine Bartholomäusnacht wie Frankreich und auch kein Bauernmassaker wie Luthers Deutschland. Immer wieder fanden sich neutrale Bundesgenossen, die zwischen den Streitparteien vermittelten: Schiedssprüche, Kompromisse und Versöhnungen kennzeichnen die schweizerische Politik bis heute. Symbol ist die ‚Kappeler Milchsuppe‘, zu der sich Freund und Feind zusammenfanden, nachdem der Glarner Landammann Aebli zwischen Schwyz und Zürich vermittelt und bei Kappel eine Schlacht verhindert hatte.

## Zwingli und Calvin

1518, ein Jahr nachdem Martin Luther in Wittenberg seine 95 Thesen gegen den Ablaß angeschlagen hatte, berief Zürich Ulrich Zwingli (1484–1531) als Leutpriester an das Großmünster. Zuvor hatte er zehn Jahre lang in Glarus (auch als Feldprediger an Kriegszügen in Oberitalien) und zwei Jahre in Einsiedeln gewirkt. Er predigte gegen den Solddienst im Ausland sowie gegen Mißstände in der Kirche, gegen die Bedeutung von Zölibat, Fegefeuer und Heiligenverehrung. In Zürich entschied sich der Rat für den neuen Glauben. Der Abgesandte des Bischofs von Konstanz wandte sich entsetzt ab: er wollte theologische Fragen nicht „mit Schustern und Schneidern", sondern an Hochschulen und auf Konzilen erörtert sehen.

Zwingli leitete über den ‚Geheimen Rat‘ die Zürcher Politik. „Aus der lebenslustigen und recht korrupten spätmittelalterlichen Stadt wurde ein sittenstrenges, puritanisches Gemeinwesen", schreibt der Historiker und ehemalige Stadtpräsident Sigmund Widmer. Und: „Der Zürcher Staat ging in seinem Säuberungsstreben weiter als irgendein anderer Staat vor ihm gegangen war." Zwinglis Gottesdienst bestand aus schmuckloser Predigt, ohne Begleitung religiöser Kunst, denn, so Zwingli: „Das usswendig Böggenwerk ist nüt dann ein bschiss" (Äußerlicher Prunk ist nichts als Betrug). Das Altarsakrament wurde zur schlichten, rationalen Erinnerungsfeier.

Zum neuen Glaubensbekenntnis hatte sich Zwingli unabhängig von Luther durchgerungen. Von diesem trennte ihn die Auffassung vom Abendmahl: Für ihn waren Brot und Wein lediglich Symbole für die Präsenz Christi; die kirchliche Handlung bewirkte keine Transsubstantiation (Umwandlung). Es kam zu keiner Verständigung. Luther rief ihm am Marburger Religionsgespräch 1529 zu: „Ihr (Schweizer) habt einen andern Geist als wir." Nach der politischen Loslösung trennte sich die Schweiz nun auch im Religiösen vom Reich. Innerhalb der Schweiz sollten sich die Lehren Zwinglis und Calvins im ‚Helvetischen Bekenntnis' angleichen.

### Gott und das Geld

Von Zürich aus breitete sich der neue Glaube in mehrere Städte aus, über Bern auch nach Genf, in das eroberte Waadtland und nach Neuenburg. Die Westschweiz, gestützt von den Städten Zürich und Bern, überlebte als protestantisches Gebiet im romanischen Raum, während Frankreichs Protestanten vernichtet oder vertrieben wurden. Die zentralistische Monarchie duldete keine Dissidenz in Glaubensfragen. 140 000 Flüchtlinge (Hugenotten = Eidgenossen) drängten 1685 nach der Aufhebung des Toleranzedikts in die Schweiz, die damals wenig über eine Million Einwohner zählte. Viele Flüchtlinge zogen weiter nach Deutschland. In den protestantischen Orten der Eidgenossenschaft stärkten sie den Glauben – und förderten die wirtschaftliche Entwicklung.

Der Calvinismus ist die jüngste, an Stoß- und Sprengkraft stärkste der drei großen reformatorischen Bewegungen. In seinem ‚protestantischen Rom' wurde Jean Calvin (1508–1564) zum großen Opponenten gegen die wiedererstarkte katholische Kirche. Über die Niederlande und England erhielt der Calvinismus weltweiten Einfluß: Die Pilgerväter führten auf der ‚Mayflower' die in Genf gedruckte ‚Geneva Bible' mit; das

Denken des Genfer Calvinisten Rousseau wirkte später auf die amerikanischen Verfassungsväter; der Genfer Bankier Albert Gallatin unterschrieb als US-Schatzmeister die ersten amerikanischen Banknoten; und Präsident Wilson, selber Calvinist, bestimmte die Stadt Calvins, Genf, zum Sitz des Völkerbundes.

Bis Zwingli und Calvin galt kapitalistische Dynamik als sündhafte Geldgier; Profitstreben und Zinsnehmen waren verpönt. Der Calvinismus befreite die Kauf- und Bankherren von Gewissensnöten. Er entwickelte ein Wirtschaftsdenken, das dem mittelalterlich-katholischen entgegengesetzt war, wie der deutsche Soziologe Max Weber (1864–1920) in seiner Untersuchung *Die protestantische Ethik und der Geist des Kapitalismus* dargestellt hat. Die göttliche Gnade ist nach calvinistischer Lehre am Erfolg zu messen, auch am kaufmännischen Erfolg. „Reichtum und Wohlhabenheit der heutigen Staaten decken sich, von wenigen Ausnahmen abgesehen, mit der Adaptation von Zwinglis Arbeitsethos", erklärt der Zürcher Sigmund Widmer: „Es gibt kein Land mit einer reformierten Bevölkerungsmehrheit, das zu den Entwicklungsländern gezählt werden könnte." Die katholische Soziallehre blieb antikapitalistisch; in der Praxis gab die katholische Kirche aber ihren Widerstand gegen den Frühkapitalismus vielfach auf, so in Flandern und Norditalien. In der Schweiz entwickelten sich katholische und protestantische Gebiete in unterschiedlichem Rhythmus.

Wie Luther bekämpften die Schweizer Reformatoren die „Täufer". Diese wollten die Bergpredigt wörtlich anwenden, die Kindstaufe abschaffen; sie verweigerten den Eid und die Bezahlung von Zinsen und Zehnten. Doch Zwingli zeigte mehr Verständnis für die Anliegen des Landvolks – er wandte sich nicht wie Luther „wider die räuberischen Rotten", sondern vermied im 16. Jahrhundert einen Bauernkrieg. Katholiken und Protestanten verurteilten sich gegenseitig als Ketzer und machten bei Hexenverfolgungen gemeinsame Sache: Annähernd die Hälfte der Hexenprozesse endeten mit einem Todesurteil; am unbarmherzigsten waren die Richter im bernischen Untertanenlande Waadt (90 Prozent Todesstrafen).

## Religionskriege und Kulturkampf

Im Laufe der Jahrhunderte führten Glaubensfragen wiederholt zu Bruderkriegen. Im ‚Sonderbundskrieg' von 1847 standen sich erneut katholische und protestantische Kantone, wirtschaftlich rückständige und fortgeschrittene Gebiete gegenüber. Die protestantische Schweiz – von der Industrialisierung und neuen politischen Ideen stärker berührt – drängte zur Zentralisierung; die katholischen Innerschweizer Kantone stemmten sich dagegen, verharrten in föderalistischen Strukturen und schlossen sich mit Freiburg und Wallis zu einem ‚Sonderbund' zusammen. Die Mehrheit der Tagsatzung beschloß dessen Auflösung und wählte den Genfer Kantonsingenieur und Militärinstruktor Henri Dufour zum Oberkommandierenden ihrer Truppen. Der Krieg dauerte 26 Tage und forderte etwas mehr als hundert Tote. „Im Hochland fiel der erste Schuß/ Im Hochland wider die Pfaffen!" frohlockte der deutsche Dichter Ferdinand Freiligrath. Bald sollte die Revolution ganz Europa erschüttern. Die freisinnige Schweiz schuf eine zeitgemäße bundesstaatliche Verfassung; die religiösen Spannungen waren damit aber nicht behoben.

Die Päpste, so Pius IX. im *Syllabus errorum* (einem Verzeichnis der ‚Irrlehren') von 1864, verwarfen den modernen Staat; das 1870 verkündete Unfehlbarkeitsdogma spaltete die Katholiken; ‚Protestkatholiken' gründeten die vom Papst unabhängige ‚Christkatholische Kirche' unter einem eigenen Bischof. In einigen Kantonen verschärften sich die Spannungen wie in Bismarcks Preußen zu einem Kulturkampf, der die liberale Kultur gegen die Kirche verteidigen sollte. Die freisinnige Bundesregierung in Bern erklärte, der Staat müsse sich gegen die vom Vatikanischen Konzil heraufbeschworenen Gefahren wappnen. Die Kantonsregierungen des Bistums Basel bezeichneten den papsttreuen Bischof Eugène Lachat als abgesetzt; die Berner Kantonsregierung entließ die Mehrheit der jurassischen Priester, verhängte Bußen und Gefängnisstrafen und schickte Truppen in das aufständische Gebiet. Die Kirche ging in den Untergrund: abgesetzte Priester hielten heimlich Messen ab. Bischof Eugène Lachat wurde später – mit dem Titel eines Erzbischofs von Amiette – zum apostolischen Administrator von Lugano ernannt. Es ging jedoch 62 Jahre, bis erstmals ein kantonalbernischer Regierungsvertreter wieder an einer Bischofsweihe teilnahm; erst 1917 wurden im katholischen Jura die – seit 1876 verbotenen – Prozessionen auf öffentlichem Grund wieder gestattet, und erst 1973 der seit 1848 in der ganzen Schweiz verbotene Jesuitenorden wieder zugelassen.

Harte Auseinandersetzungen erlebte Genf, wo Papst Pius IX. den einheimischen Priester und Generalvikar Gaspard Mermillod zum Titularbischof ernannt hatte: Die Genfer Kantonsregierung sah darin einen Schritt zur (Wieder-) Gründung eines Bistums und setzte Mermillod ab. Der Bundesrat verfügte gar dessen Ausweisung und brach die diplomatischen Beziehungen mit dem Vatikan ab. Erst zehn Jahre später verständigten sich Bern und Rom wieder: Mermillod (1890 Kardinal) wurde in Freiburg Bischof von Lausanne und Genf. Das katholische Freiburg war seit der Reformation provisorischer Bischofssitz: Die exilierten Bischöfe von Lausanne und Genf warteten hier und in Annecy vergeblich auf die erhoffte Rückkehr. Erst Marius Besson, 1920 in Rom zum Bischof von Lausanne und Genf geweiht, nahm zu diesen beiden Titeln auch denjenigen des Bischofs von Freiburg an: Der nachreformatorische Bischofssitz war damit erstmals nicht mehr als Exilort bezeichnet. Die Katholiken hatten sich ins Ghetto zurückgezogen; nach und nach fanden sie wieder ihre alte Stellung als gleichberechtigte Bundesgenossen.

Der Kulturkampf wirkt jedoch, zumindest unterschwellig, bis heute nach, obwohl (oder gerade weil) Genf mehrheitlich katholisch und die Agglomeration Zürich mit rund 280 000 Katholiken zur „größten katholischen Stadt der Schweiz" geworden ist: Pläne für eine Neueinteilung der Bistümer, besonders für die Schaffung eigener Diözesen Zürich und Genf, stoßen auf Widerstand.

Laut dem Zweiten Vatikanischen Konzil sollte die Angrenzung der Diözesen neu überprüft werden. Die gesamtschweizerische katholische Synode nahm diesen Gedanken Anfang der siebziger Jahre auf. Doch innerhalb neuer Grenzen mußte auch die Bischofswahl neu geregelt werden. Die Synode fordert „für alle Diözesen eine rechtlich festgelegte Mitwirkung ortskirchlicher Gremien bei der Wahl der Bischöfe" – in jeder Diözese sollte das jeweilige Domkapitel den Bischof wählen. Genf, Zürich und Luzern waren als neue Bistumssitze vorgesehen.

Die evangelisch-reformierten Landeskirchen in den einzelnen Kantonen der Schweiz kennen keine Bischöfe wie die Katholiken und Lutheraner; die Kirchgemeinden sind demokratisch aufgebaut. Aktive Gruppierungen innerhalb der Landeskirchen verfolgten die Pläne für neue Bistümer mit Mißtrauen. So schrieb Präsident Jakob Streuli vom *Protestantischen Volksbund*: „Ein Bistum verändert die geistige Landschaft." Die katholische Kirche sei im Kanton Zürich 1963 öffentlich-rechtlich anerkannt worden, weil sie sich zu „demokratischen Konzessionen, z. B. bei der Pfarrwahl" bereitfand. Ein Bischof bringe „ein autoritäres Element" in diese Entwicklung. Bischöfe machten sich in der Öffentlichkeit stark bemerkbar, die protestantische Kirche lege hingegen keinen Wert auf Repräsentation. „Sie lehnt allen Pomp und alle Prachtentfaltung ab. Schon der Aufzug eines katholischen Prälaten mit großer Begleitung, farbigen Gewändern, wehenden Fahnen und Schweizergardisten mutet reformierten Zuschauern fremd an. Erst recht im Kanton Zürich, wo die Reformierten auf eine betonte Schlichtheit aller kirchlichen Äußerungen Wert legen." Ein Bischof sei, wie der Papst, auch eine politische Persönlichkeit, die in der Öffentlichkeit Respekt heische. „Wir Zürcher wollen jedoch keine Vermischung der beiden Bereiche." Ähnlich argumentierten Protestanten in Genf, wo Kirche und Staat seit 1907, ähnlich wie in Frankreich, völlig getrennt sind. Die Kirchensteuern sind hier freiwillig; sie werden nicht – wie in den meisten andern Kantonen – von der Staatsverwaltung eingezogen. Die beiden Konfessionen sind gleichberechtigt – und gleich arm.

Die evangelische Synode 1983–1987 stand unter einem Gedanken des 1945 im Konzentrationslager ermordeten Theologen Dietrich Bonhöffer: „Kirche ist nur Kirche, wenn sie für andere da ist." Die Synode suchte „eine geistliche Erneuerung in einer von materialistischem Denken geprägten Gegenwart" und wagte sich auch an konflikträchtige weltliche Themen. Es ging, so die Vorsitzende Madeleine Strub-Jaccoud, „um den Dialog, um das Ringen nach Wahrheit".

Konservative Kämpfer „wider den Zeitgeist" finden sich bei Katholiken und Protestanten; Öffnung zur Welt kennzeichnet Basisgruppen beider Konfessionen. Die Reformierte Genfer Landeskirche will sich, wie Münsterpfarrer Henry Babel sagt, „nicht nur jenen öffnen, die sich im Besitz der Wahrheit glauben, sondern auch jenen, die sie suchen". Pastor Babel, als Prediger weiterum berühmt, hält Wissen und Glauben nicht für unvereinbar: seine Kirche „gründet ihre Lehre auf die im Licht des christlichen Gewissens und der Wissenschaft erforschte Bibel und macht es jedem ihrer Glieder zur Pflicht, sich ein wohlüberlegtes eigenes Urteil zu bilden".

## 4. Bund und Kantone

„Es regnet Freiheit!" jubelte ein Redner im strömenden Regen, und über die Wangen der Zuhörer rollten Freudentränen. Jung und alt tanzte und sang vor dem Rathaus, Autos hupten, Kirchenglocken läuteten. Das war am denkwürdigen 23. Juni 1974 im Jurastädtchen Delsberg: Eine Volksbefragung hatte die Schaffung eines neuen Kantons beschlossen. Das ehemalige Fürstbistum Basel feierte Urständ als ‚Republik und Kanton Jura' – fast ein Jahrtausend nach seiner Geburt.

*Entstehung des Jurakonflikts*

Lang ist's her seit dem Jahr 999. Im westschweizerischen Königreich Hochburgund, das nach dem Zerfall des Karolingerreichs entstanden war, schenkte danach König Rudolf III. in der Weltuntergangsstimmung des ersten christlichen Jahrtausends dem Bischof von Basel Ländereien im Jura als weltliches Herrschaftsgebiet. Spätere Porträts zeigen die Prälaten mit der Fürstenkrone, in Purpur und Hermelin. Regierungsform war eine Wahlmonarchie mit einem geistlichen Staatsoberhaupt wie heute noch im Vatikanstaat.

Nach der Reformation zog der Fürstbischof von Basel in das Jurastädtchen Pruntrut (französisch: Porrentruy) in ein Schloß mit vielen Türmen und Türmchen, das – besonders in der von Fürstenherrschaft weitgehend verschonten Schweiz – an Bilderbuch-Schlösser aus dem Märchen erinnert. Zum Hofstaat gehörten Hofkanzler, Hofmarschall, Landeshofmeister, Oberjägermeister, Küchenmeister und außerdem eine Schweizergarde aus den verbündeten katholischen Orten. Die meisten Untertanen – ausgenommen jene im unteren Birstal oder im später badischen Schliengen – sprachen französisch, doch Hofsprache war Deutsch, und fürstliche Mandate erschienen in beiden Sprachen. Der Fürst entschied über Krieg und Frieden, schloß Bündnisse und bot Truppen auf; er hatte Sitz und Stimme im römisch-deutschen Reichstag; oberste juristische Instanz war das Reichskammergericht in Wetzlar (an dem der junge Goethe 1772 vorübergehend als Anwalt wirkte). Zeitweise war die Macht des Fürsten stark beschränkt, besonders im Südjura, der im Gegensatz zum ‚Reichsboden' um Pruntrut und Delsberg zur Reformation überging und als ‚Schweizerboden' galt. Mehrmals ersuchten Fürstbischöfe die Tagsatzung um Aufnahme in die Eidgenossenschaft und wurden – gegen die Stimmen der Städte Bern und Zürich – abgewiesen: Die katholischen Orte wollten die Aufnahme der protestantischen Städte Neuenburg und Genf verhindern. Die kleine Stadtrepublik Biel verbündete sich als Zugewandter Ort mit den Eidgenossen; doch noch 1776 erneuerte sie dem Fürsten Friedrich von Wangen-Geroldseck den Treueschwur in einem festlichen Empfang, der mehrere Tage dauerte.

Die Bauern im Jura revoltierten mehrmals gegen den Landesherrn; die Ideen der französischen Revolution fielen hier auf fruchtbaren Boden, sogar beim zweiten Mann im Bischofsstaat, Weihbischof Gobel, dem späteren Revolutionsbischof von Paris. Die ‚Raurachische Republik' entstand, die sich bald dem revolutionären Frankreich anschloß und seinen Armeen fünf Generäle stellte (deren Namen im Pariser Arc de Triomphe eingemeißelt sind). Nach dem Sturz Napoleons fiel Frankreich auf seine früheren Grenzen zurück; der tanzende Wiener Kongreß von 1815 schlug das ehemalige Fürstbistum als ‚herrenlos' gewordenes Gebiet zur Schweiz und zum Kanton Bern. Die Angliederung war mit keinem der Prinzipien zu rechtfertigen, die am Wiener Kongreß zur Diskussion standen, weder mit Jean-Jacques Rousseaus Prinzip der Volkssouveränität (dem Nationalitätenprinzip) noch mit dem Legitimitätsprinzip der Restaurationsmächte: Das ehemalige Fürstbistum hatte nie zum bernischen Besitz gehört. So beschönigte man die Annektion als ‚Vereinigung' – allerdings mit zwei ungleichen Partnern.

Bald regte sich Widerstand; schon 1826 gelobten sich drei Jurassier bei einem ‚Rütlischwur‘, ihr Land von der bernischen Oligarchie zu befreien. Zwischen Bern und seinem neuen Kantonsteil kam es wiederholt zu Spannungen aus politischen, religiösen und schließlich auch sprachlichen Gründen; im 19. Jahrhundert schickte die Kantonsregierung mehrmals Truppen in den Jura.

Mit Blick auf die weltweite Entkolonialisierung kam der jurassische Historiker Paul-Otto Bessire 1947 zu dem Schluß, daß wohl auch eine jurassische Unabhängigkeitsbewegung Erfolg hätte. Den entscheidenden Anstoß gab dann ein Zwischenfall im Berner Kantonsparlament, das einen jurassischen Politiker aus sprachlichen Gründen für ein wichtiges Amt ablehnte.

Nach Protesten wurde 1950 in der bernischen Staatsverfassung das „Volk des Juras" ausdrücklich erwähnt. Laut Artikel 1 umfaßte der Kanton nun „das Volk des alten Kantonsteils und dasjenige des Juras". Juristische Experten erklärten später: „Es sollte in der Verfassung zum Ausdruck gebracht werden, daß innerhalb des Kantons Bern zwei verschiedene Völker im kulturellen Sinn leben, daß also die Jurassier ethnisch betrachtet ein Volk für sich sind."

In den sechziger Jahren kam es in einem als Waffenplatz vorgesehenen Gebiet gar zu einer Reihe von Terrorakten: Diplomaten im Ausland hatten unbequeme Fragen über den gestörten inneren Frieden der Schweiz zu beantworten; auf Druck des Bundes schuf der Kanton Bern einen Zusatz zu seiner Staatsverfassung, der eine Reihe von Plebisziten ermöglichte. Diese führten schließlich zur Schaffung des 23. Kantons im nördlichen Teil des früheren Fürstbistums.

*Ein neuer Kanton*

Wer stimmte bei der Volksbefragung für den Jura, wer für Bern? Die Untersuchung der Abstimmungsresultate zeigt: Eine stärkere Neigung zum Separatismus hatten Katholiken, Französischsprachige und im Jura heimatberechtigte Bürger; die letzte der drei Regeln ist die wichtigste: Gebürtige Jurassier (ob protestantisch oder katholisch) stimmten eher für den Jura, die Zuwanderer (meist aus Altbern) eher für den Kanton Bern. Die Zahl der Einwanderer und der Deutschsprachigen ist im Südjura besonders groß; bei Unter-Plebisziten im Südjura ergab sich so eine Mehrheit für den Verbleib bei Bern; das Abstimmungsgebiet wurde zwischen Jura und Bern aufgeteilt.

Noch ist im Jura der Frieden nicht eingekehrt: der neue Kanton versucht bernisch gebliebene Gebiete für sich zu gewinnen und hat beim Bundesgericht in Lausanne Klage gegen den Kanton Bern eingereicht. Nachträglich war bekanntgeworden, daß die bernische Kantonsregierung mit unlauteren Mitteln gekämpft und im Abstimmungskampf erhebliche Summen aus einem Reptilienfonds eingesetzt hatte. So war es zur Teilung des Juras gekommen. Der Historiker Jean-Rodolphe von Salis hatte im voraus gewarnt, die Zerreißung dieses Landesteils „würde die jurassische Frage ebensowenig lösen wie die Teilung Irlands die irische Frage gelöst hat".

Überraschungen gab es im deutschsprachigen Jurabezirk Laufen: Wegen ungesetzlicher Machenschaften der Berner Kantonsregierung annullierte das Bundesgericht ein erstes Plebiszit, das ein Mehr für den Verbleib bei Bern ergeben hatte. Ein zweites Plebiszit im Bezirk Laufen ergab 1989 dagegen ein Mehr für die Angliederung an den Kanton Basel-Landschaft. Der einstige Eroberrerstaat Bern vermag sich offenbar nur mit Mühe von der Machtpolitik seiner Vergangenheit zu lösen. Trotz aller Mängel der Plebiszitkaskade zeugt die Schaffung des neuen Kantons von lebendigen Strukturen. In diesem Sinne hatte der Freiburger Historiker Gonzague de Reynold geschrieben, die Jurafrage stelle „allen Schweizern die höhere und allgemeinere Frage nach dem Föderalismus", dank dessen die Schweiz eine „Herrschaft der Freiheiten" sei.

Treibende Kraft bei der jurassischen Suche nach kultureller und politischer Eigenständigkeit waren oft Dichter. Im Zweiten Weltkrieg hatten junge Jurassier in Pruntrut einen Verlag gegründet: Sie förderten Westschweizer Autoren und schmuggelten verbotene französische Literatur in die besetzte Zone Frankreichs. Französische Widerstandslyrik sollte jurassische Dichter wie Jean Cuttat, Tristan Solier oder Alexandre Voisard beeinflussen. In Westeuropa wohl einzigartig: am politischen Volksfest in Delsberg lasen Dichter Freiheitslyrik – vor Zehntausenden von aufmerksamen Zuhörern!

Grün, die Farbe der Hoffnung, ist auch die Farbe des Juras: ein schönes, naturnahes Land. 1384 rief Fürstbischof Imier von Ramstein zur Kolonisierung des damals unbewohnten Hochjuras auf. Den Pionieren versprach er (Steuer-)Freiheiten; das Weideland der ‚Freiberge' wurde bald zum Pferdeparadies. Wer heute die Pferdeweiden durchwandert, wähnt sich in einem Bauernland. Doch der Schein trügt: Auch die Freiberge im Hochjura gehören zu den hochindustrialisierten Gebieten. Zwar arbeiten immer noch 11 Prozent der Beschäftigten des Kantons in der Landwirtschaft (Schweiz: 6 Prozent), doch rund die Hälfte in der Industrie, mehr als im Schweizer Durchschnitt (38 Prozent). Die Kantonsgründung hat Arbeitsplätze in der Verwaltung geschaffen und Banken, Versicherungen, Treuhandbüros angezogen, so daß die Verluste der krisenanfälligen Uhrenindustrie durch Gewinne im Dienstleistungssektor wettgemacht wurden: Der neue Kanton hat sogar Arbeitsplätze gewonnen.

Ein Verfassungsrat arbeitete eine fortschrittliche Staatsverfassung für den neuen Kanton aus. Die Präambel erinnert an die Erklärung der Menschenrechte von 1789. Als erster Kanton schuf der Jura ein Amt für die Gleichberechtigung der Frau; er gab auch den Ausländern das Stimmrecht in Gemeinde- und Kantonsangelegenheiten. Marie-Josephe Lachat, seit der Kantonsgründung 1979 im Amt, ist die erste Delegierte für Frauenfragen im Jura und der ganzen Schweiz; mehrere Kantone und auch die Eidgenossenschaft folgten inzwischen dem jurassischen Beispiel.

Der Staatsaufbau gleicht demjenigen der anderen Kantone: ein (60köpfiges) Parlament als gesetzgebende, eine (fünfköpfige) Regierung als ausführende Behörde, daneben erst- und zweitinstanzliche Gerichte. Das Parlament (in anderen Kantonen Landrat, Kantonsrat oder Großer Rat) hat keinen besonderen Namen, die Regierung auch nicht. In anderen Kantonen heißt die Regierung ‚Staatsrat' oder noch häufiger ‚Regierungsrat' (in Appenzell ‚Standeskommission'); die Mitglieder sind im Jura Minister, anderswo meist Staatsräte oder Regierungsräte. Der Regierungsvorsitz wechselt – wie im Bund und den meisten Kantonen – jedes Jahr.

Der neue Kanton ist auch in den Bundesbehörden vertreten. 1978 änderten die Stimmberechtigten der Gesamtschweiz die Bundesverfassung, die in Artikel 1 „die durch gegenwärtigen Bund vereinigten Völkerschaften der zweiundzwanzig souveränen Kantone" aufzählte: Mit dem Jura waren es nun dreiundzwanzig. Er delegierte fortan wie alle anderen Kantone (‚Stände', französisch ‚états', Staaten) zwei Abgeordnete in den Ständerat (auch Ständekammer genannt, in Amerika spräche man vom Senat).

Genau genommen besteht die Schweiz aus sechsundzwanzig Teilstaaten: drei Kantone sind in je zwei Halbkantone geteilt. Die Halbkantone delegieren nur je einen Vertreter in den Ständerat, sind aber im übrigen – mit Staatsverfassung und Gesetzen, mit Regierung und eigenem Gerichtssystem – ebenso eigenständig wie Vollkantone. In den 200köpfigen Nationalrat, die Volkskammer, wählt jeder Kanton und jeder Halbkanton seine Vertreter entsprechend der Einwohnerzahl: der Jura 2, Basel-Stadt 7, der große Kanton Zürich 35.

*Vom Staatenbund zum Bundesstaat*

Die Schweiz bestand im Ancien Régime aus einem Konglomerat von drei verbündeten Staatsgebilden: der Eidgenossenschaft, der Landschaft Wallis und den Drei Bünden. Das Fürstbistum Wallis war im 17. Jahrhundert eine republikanische Föderation von sieben Gemeinschaften, ‚Zenden', die über das Unterwallis regierten. Der Freistaat der Drei Bünde, ebenfalls eine demokratische Föderation, herrschte über das Veltlin (heute Italien).

Zum Kern der Eidgenossenschaft gehörten dreizehn ‚Orte': die acht alten – Zürich, Bern, Luzern, Uri, Schwyz und Unterwalden, Zug und Glarus – und die fünf zwischen 1481 und 1513 dazugekommenen neuen Orte Freiburg, Solothurn, Basel, Schaffhausen und Appenzell. Die dreizehn Orte hatten Anrecht auf Mitregierung in den Gemeinen (gemeinsamen) Herrschaften. Als Zugewandte Orte (Verbündete von niedrigerem Rang) galten die Städte St. Gallen, Biel, Mülhausen (das seit der Revolution zu Frankreich gehört) und bis 1632 Rottweil (heute: Baden-Württemberg, BRD), die Grafschaft Neuenburg (später Fürstentum) und der Fürstabt von St. Gallen. Jeweils mit einem Teil der Eidgenossenschaft verbündet waren die Stadtrepublik Genf und der Fürstbischof von Basel. Die Abtei Engelberg und die Zwergrepublik Gersau am Vierwaldstättersee standen als Protektorate einzelner Orte unter eidgenössischem Schutz.

Schon vor der Französischen Revolution erlebte die Republik Genf Revolten. Die Stadt war ein wichtiger europäischer Finanzplatz; Handel und Industrie blühten. Doch große Standesunterschiede – Privilegien der Patrizier, Rechtlosigkeit der Hintersassen – kennzeichneten die Genfer Gesellschaft des 18. Jahrhunderts. Bereits sieben Jahre vor dem Bastillesturm stürzte ein Staatsstreich das Patrizierregime. Der Aufstand wurde mit Truppenhilfe aus dem patrizischen Bern und den benachbarten Monarchien niedergeschlagen; Anhänger von Freiheit und Gleichheit exportierten die Genfer Revolution nach Paris. Wichtiger Wegbereiter war der Genfer Jean-Jacques Rousseau (1712–1778). Die revolutionäre Forderung nach Freiheit, Gleichheit und Brüderlichkeit geht im wesentlichen auf ihn zurück. Auch Voltaire lebte lange bei Genf. Aus Boudry (Neuenburg) kam der Volkstribun Jean-Paul Marat, Herausgeber der Zeitung *L'Ami du Peuple*.

Die Französische Revolution erregte auch die Gemüter der Untertanen in der Eidgenossenschaft. In Stäfa verfügte die Zürcher Regierung Todesurteile gegen Arbeiter und Gewerbetreibende, die eine wirtschaftliche Gleichstellung mit den Zunftleuten in der Stadt anstrebten. Im Waadtland trafen sich

*Das ehemalige Savoyerschloß Chillon am Genfersee, eine der gewaltigsten Burganlagen der Schweiz*

Aufrührer an als Bankette getarnten Versammlungen, die Bern mit schweren Strafen zu verhindern suchte. Doch der siegreiche General Bonaparte wurde 1797 bejubelt, als er durch das Waadtland reiste und ausrief: „Ein Volk kann nicht Untertan eines andern Volkes sein, ohne daß die Prinzipien des öffentlichen und des Naturrechts verletzt werden."

Der ‚Schweizerklub' in Paris, angeführt von dem Basler Peter Ochs und dem Waadtländer Frédéric-César de la Harpe – Bern hatte ein Kopfgeld auf de la Harpe ausgesetzt und die Familiengüter konfisziert – warb mit Flugblättern in der Heimat für die neuen Ideen. Als Deputierte der Städte und anderer Gemeinden der Waadt am 24. Januar 1798 die Unabhängigkeit ihres Landes erklärten, standen französische Revolutionstruppen an der Grenze bereit, der morschen Eidgenossenschaft den letzten Stoß zu versetzen. Die einst von Bern eroberte Waadt beteiligte sich nun an der Eroberung Berns. Auch das Welschwalliser Untertanengebiet erhob sich gegen das deutschsprachige Oberwallis.

Das komplizierte Bündnissystem brach beim Einmarsch der französischen Revolutionstruppen zusammen; die Schweiz wurde zu einem Einheitsstaat, der Helvetischen Republik, mit 23 Verwaltungsbezirken, darunter ehemalige Untertanengebiete und Zugewandte Orte. Die Helvetik brachte Rechtsgleichheit und bürgerliche Freiheitsrechte: Handels-, Gewerbe- und Pressefreiheit, aber auch einen Zentralismus nach französischem Muster; politische Parteien entstanden. Widerstand regte sich vor allem in der Innerschweiz. Nach kriegerischen Auseinandersetzungen zwischen Franzosen und Österreich, einem abenteuerlichen Durchmarsch russischer Truppen unter Suwarow, mehreren Staatsstreichen und einem Bürgerkrieg diktierte der Erste Konsul Bonaparte als ‚Vermittler' (Mediator) 1803 eine neue, föderalistische Verfassung, die ‚Mediationsakte': Die Schweiz zählte nun 19 souveräne Kantone mit unterschiedlichen Verfassungen, darunter neu St. Gallen, Aargau, Thurgau, Tessin, Waadt und Graubünden. Wallis (1802–1810 selbständige Republik), Neuenburg und Genf wurden Frankreich einverleibt.

Nach Frankreichs Niederlage legten die Siegermächte 1814/15 die Grenzen der Eidgenossenschaft fest, gewährleisteten ihr Gebiet und erklärten die immerwährende Neutralität der Schweiz. Der Wiener Kongreß stand vor der Aufgabe, nach den gewaltigen Umwälzungen zweier Jahrzehnte Europa im Sinne der Restaurationsmächte neu zu ordnen. Der österreichische Staatskanzler Metternich kämpfte gegen alles, was er für Revolution hielt. In Wien feilschten schweizerische Abgesandte und Vertreter kantonaler Interessengruppen. Für die Unabhängigkeit der ehemaligen Untertanen der Eidgenossen setzte sich vor allem Zar Alexander ein, der die Schweiz mit den Augen seines früheren Waadtländer Lehrers Frédéric-César de la Harpe sah.

Der Schweiz zugesprochen wurde das ehemalige Fürstbistum Basel, von dem der Genfer Diplomat Pictet de Rochemont schrieb: „Das Bistum eignete sich auf natürliche Weise als ein Gebiet, das Bern überlassen werden konnte, sei es als Entschädigung für die Verluste der Berner, sei es im Hinblick darauf, daß dieser schwache Abschnitt der helvetischen Grenze durch den stärksten der Kantone bewacht würde." In Bern hatte man ursprünglich wenig Lust, den Jura zu übernehmen und den ‚Waadtländer Weinkeller' sowie die ‚Aargauer Kornkammer' gegen den ‚jurassischen Holzschopf' zu vertauschen: Man wartete auf die Rückkehr der Untertanengebiete, und erst als deutlich wurde, daß der Wiener Kongreß den Aargau nicht zurückgeben wollte, geschweige denn die Waadt, lenkte man ein. Auch Genf, mit arrondiertem Gebiet, wurde schweizerisch, zusammen mit dem Wallis und Neuenburg (das bis 1848 eine Doppelstellung als preußisches Fürstentum und Schweizer Kanton innehatte).

Wichtig für die Schweiz war der Zweite Pariser Friede vom 20. November: Die fünf Großmächte Österreich, Frankreich, England, Preußen und Rußland sowie Portugal erklärten die immerwährende Neutralität der Schweiz und gewährleisteten den unverletzlichen Bestand ihres Gebietes, da dies dem wahren Interesse aller europäischen Staaten entspreche. Die Schweiz arbeitete zu dieser Zeit eine Verfassung aus, die jedoch nicht diese ‚revolutionäre' Bezeichnung trug, sondern Bundesvertrag genannt wurde. Die Kantone erhielten ihre alten vorrevolutionären Rechte, und in den Städten konnten sich die Aristokraten wieder weitgehend die Macht erobern. Der Berner Patrizier Karl Ludwig von Haller predigte das Evangelium der Konservativen: Der Staat sei eine ‚magna familia', wie ein Hauswesen, in dem das Oberhaupt über Gemahlin, Kinder und Dienstboten befiehlt. Die Beziehungen zwischen Vorgesetzten und Untergebenen seien gottgewollt und nicht – wie der Genfer Rousseau behauptet hatte – durch einen Gesellschaftsvertrag entstanden. Gleichheit sei ein Trugbild und stehe im Widerspruch zu den Naturgesetzen.

Der Bundesvertrag umfaßte 22 Kantone; der Bestand blieb unverändert bis zur Gründung des Kantons Jura 1979. Nach der Julirevolution von 1830 in Paris und der liberalen Erneuerung, den Kämpfen zwischen Radikalen (Freisinnigen) und dem Sonderbund der Konservativen entstand die Bundesverfassung von 1848, die – nach einer Revision 1874 – in ihren Grundzügen bis heute gültig ist: Der alte Staatenbund verwandelte sich in einen Bundesstaat. „Die Kantone sind souverän, soweit ihre Souveränität nicht durch die Bundesverfassung beschränkt ist", bestimmt diese Verfassung. Zwar verschiebt sich immer mehr Macht in die Bundesstadt Bern: Über Staatsverträge, Krieg und Frieden, Geld, Zoll, Post beschließt der Zentralstaat, für Zivilstand oder Altersversicherung haben die Kantone lediglich ausführende Aufgaben, doch für viele Fragen bleiben die Kantone zuständig.

Wer über eine Kantonsgrenze umzieht, kann sich vorerst wie in einem fremden Lande fühlen. Er begegnet nicht nur Polizisten in anderen Uniformen; die Kinder besuchen Schulen mit abweichenden Programmen und – oft von Gemeinde zu Gemeinde – unterschiedlicher Schul- und Feriendauer. Der Ankömmling im neuen Kanton macht Bekanntschaft mit einer anderen Strafprozeßordnung. Er erlebt vielleicht gar die Überraschung, daß er plötzlich doppelt so hohe Steuern zu bezahlen hat: Nicht alle Gemeinden der Schweiz sind Steuerparadiese; Ansätze und Skalen bei Staats- und Gemeindesteuern für Einkommen und Vermögen sind verschieden hoch, dazu kommen unterschiedliche Steuern auf Erbschaften oder Grundstücksgewinne (und seit dem Zweiten Weltkrieg neben mehreren indirekten auch eine direkte Bundessteuer). Die Vielfalt gehört zur Folklore – und für einige zum großen Geschäft. Steuerflüchtlinge, etwa aus den skandinavischen Staaten, lassen sich über die günstigsten Tarife informieren; auch Hollywoodstars schätzen die Schweiz nicht nur ihrer landschaftlichen Schönheiten wegen, und nicht alle mußten – wie Charlie Chaplin – vor den totalitären Anwandlungen McCarthys an die Gestade des Genfersees flüchten. Firmen aus aller Welt wählen ihren Steuersitz am liebsten in Zug, wobei sie dort oft nur durch einen Briefkasten vertreten sind. In einigen Kantonen können Millionverdiener und Vermögensmilliardäre Abkommen über Steuerpauschalen abschließen: Der italienische Filmproduzent Carlo Ponti (Gewinn von 300 Millionen Dollar allein für *Doktor Schiwago*) lebt mit seiner ebenfalls nicht unbegüterten Ehefrau Sophia Loren offiziell in einer ärmlichen Zweizimmerwohnung im Dorf Hergiswil (Nidwalden), wo er pauschal 50 000 Franken Jahressteuern bezahlt – und nie zu sehen ist. Doch schauen wir uns einige der 26 Kantone genauer an.

### Bern: Aristokraten und Bauern

Bern, Kapitale des gleichnamigen Kantons, ist sei 1848 Bundesstadt – die Bezeichnung Hauptstadt gebraucht man kaum. Früher sprach man vom ‚Vorort': Zürich, Bern und Luzern präsidierten abwechselnd der Tagsatzung und führten in ihren Kanzleien die laufenden Geschäfte. In der traditionellen Reihenfolge der Stände stehen die drei alten Stadtkantone heute noch an der Spitze. Als Regierungssitz des Bundesstaats kam Luzern als ehemaliges Haupt des Sonderbunds kaum in Frage; Zürich lag nicht so zentral wie Bern.

Die aristokratische Stadt war dem Bund nicht aus Sympathie für den Freiheitskampf der Eidgenossen beigetreten – im Gegenteil: sie wollte verhindern, daß der demokratische Geist der Waldstätte auf ihre Interessensphäre im Oberland übergreifen konnte. Durch Kauf und Krieg errang die Stadt ihre Untertanenlande und bildete nun die mächtigste Republik nördlich der Alpen, vergleichbar Venedig im Süden: Berns Gebiet erstreckte sich über das ganze Mittelland praktisch vom Rhein bis zur Rhone; unter seinem Einfluß stand auch die spätere Zollfreizone Savoyen, in der bis zum Ersten Weltkrieg ein militärisches Besetzungsrecht der Schweiz galt. Berns Bürger hatten den Stolz einstiger Bürger Roms; manche sehen in der Aarerepublik den disziplinierten Geist Spartas; sie hatte das Hauptgewicht in der Eidgenossenschaft wie später Preußen in Bismarcks Reich, zu dem übrigens auch eine geistige Verwandtschaft bestand. „Die Republik Bern war nach außen eine Festung und ein beständiges Kriegslager, nach innen ein geschlossener, militärisch geordneter Staat, auf Autorität der Tüchtigsten und Gehorsam aller gegründet", schrieb der Rechtsgelehrte Carl Hilty.

Anfänglich befragten die Patrizier jeweils vor wichtigen Entscheiden das Volk; im Zeitalter des Absolutismus sahen sich die ‚Gnädigen Herren' als Herrscher von Gottes Gnaden. Im 18. Jahrhundert rebellierte im Waadtland der Landmajor Abraham Davel und in der Stadt Bern, in der sich der Kreis der ‚Regimentsfähigen' immer mehr verengt hatte, der Patrizier Samuel Henzi, dessen Hinrichtung Lessing zum Entwurf für ein Freiheitsdrama inspirierte. Lessings Held Henzi fragt: „Freund, kann es möglich sein, daß die sich glücklich schätzen, die unverschämt sich selbst an Gottes Stelle setzen?"

Französische Revolutionsarmeen holten sich Berns legendären Staatsschatz (der Bonapartes Ägyptenfeldzug finanzieren sollte) und sogar die Bären aus dem Bärengraben. Berns Zusammenbruch bedeutete das Ende der alten Eidgenossenschaft. Der helvetische Einheitsstaat zerstückelte die stolze Stadtrepublik in vier Kantone; Waadt und Aargau waren für immer verloren. „Eher geht die Sonne im Osten unter als die Waadt zurück zu Bern", sagte Bonaparte, als 1801 mehr als 17 000 Waadtländer die Wiedervereinigung mit Bern verlangten. Auf dem Wiener Kongreß sollte Zar Alexander diesen Gedanken seines Kriegsgegners weiterführen. Die Hauptachse des Kantons – bisher Ost-West – drehte sich im Zeitalter der Revolution um 90 Grad nach Nord-Süd, und von dieser Wendung scheint sich Bern nie ganz erholt zu haben.

Im Bundesstaat von 1848 war Bern trotz aller früheren Gebietsverluste der volkreichste Kanton; erst 1955 verlor es diesen Vorrang an Zürich. Noch immer grenzt Bern an alle französischsprachigen Stände mit Ausnahme Genfs und hat – vor allem im Südjura und in Biel – noch eine französischsprachige Minderheit von 6 Prozent. Doch das ehemalige Brückenland ist nach Ansicht mancher Beobachter heute eher ein Riegel zwischen Deutsch und Welsch. Der Westschweizer Publizist Alain Pichard meint deshalb, die Rolle der verbindenden Kapitale im Kanton stünde eher der lebendigen Zweisprachenstadt Biel zu als Bern.

Berns Politiker sind schwerfällig und alles andere als konfliktfreudig. Nach dem Ersten Weltkrieg enstand als Reaktion auf den Internationalismus der Sozialdemokraten eine Art bernische Nationalpartei, die Schweizerische Volkspartei (SVP), die anfänglich Bauern-, Gewerbe- und Bürgerpartei (BGB) genannt wurde. Bei der Gründung wollten die „vaterländisch gesinnten Volksgenossen" unerbittlich „alle unschweizerischen Erscheinungen" bekämpfen. Noch das Parteiprogramm von 1963 verlangte mit nationalistischem Vokabular „Kampf gegen den Internationalismus" und „Förderung des einheimischen, aus dem gesunden Volksempfinden erwachsenden Schaffens", und in einer patriotischen Ansprache wollte damals ein SVP-Bauernpolitiker im Bundesrat „alles Unschweizerische ausmerzen". Fritz René Allemann schreibt: „Der Berner Bauer folgt seinen ständischen Führern heute genauso unentwegt wie seinerzeit seinen patrizischen Räten."

Ähnliches Gewicht wie die SVP (und eine ähnliche bernisch-nationale Ausrichtung) hat in Bern die von einem städtischen Aristokraten gegründete Sozialdemokratische Partei, die auf dem Lande weit verbreitet ist. Die Machtpolitik der großen Parteien erschwerte eine Lösung des Minderheitenproblems im Jura. Erst als die selbstherrlichen Betrügereien der Kantonsregierung bekanntwurden, lockerte sich das Parteiengefüge: Das Volk wählte zwei Vertreter der Grünen in die Regierung, – jedoch nur für vier Jahre –, die Sozialdemokraten wurden etwas kritischer.

Die Stadt Bern, 1191 von einem Zähringer Herzog gegründet, war nach dem Aussterben der Dynastie 1218 reichsfrei geworden. Bern, im 14. Jahrhundert als „Burgundens Kron" besungen, lag zwischen dem alemannischen Gebiet und den welschen, burgundischen Landen: Sie gehörte zur Diözese Lausanne, die nach Savoyen ausgerichtet war. Goethe rühmte 1779 die auf drei Seiten von der Aare umflossene Stadt als „die schönste, die wir gesehen haben", und noch heute zeugen die sanft geschwungenen Gassen mit Arkaden, Brunnen, Bür-

*Bern: Die Kramgasse ist von Laubenhäusern eingefaßt, geschmückt mit Kramgassbrunnen, Simsonbrunnen und dem Zähringerbrunnen (im Bild) und endet vor dem spitzbehelmten Zeitglockenturm. An seiner Ostseite eine astronomische Kunstuhr (1527–30), verbunden mit einem Figurenspiel, das 4 Minuten vor jeder vollen Stunde abläuft*

gerhäusern und Barockpalästen, dem Münster und dem Rathaus von der großen Vergangenheit. Das Bernbiet umfaßt die Täler der Aarezuflüsse im Oberland, Meiringen, Grindelwald unter den Gipfeln und Gletschern von Eiger, Mönch und Jungfrau, dann Interlaken, Thun, Kandersteg, das Simmental sowie das Saanenland (mit Gstaad) aus der Erbschaft der Grafen von Greyerz, das Seeland, das Emmental und den Oberaargau und seit 1815 auch die Stadt Biel und die südlichen Juratäler: eine Vielfalt von Landschaften mit blühenden Bauernhöfen, die dank dem ‚Minorat' (der jüngste Sohn erbte den ganzen Hof) den Besitz ständig mehrten; weil die älteren Söhne ausziehen mußten, findet man Berner Bauern auf Höfen im Waadtland wie im Thurgau, Nachkommen der ‚Täufer', einer protestantischen Freikirche aus dem Emmental (die Mennoniten und ‚Amishen'), auf kargen Jurahöhen und in der Neuen Welt. Von Biel, der alten Stadtrepublik und späteren ‚Zukunftsstadt', drang Industrie und manchmal etwas aufrührerischer Geist in die Bauernrepublik. Und in der Hauptstadt wurden die Kellerpoeten der sechziger Jahre zu Erneuerern.

## Zürich: Weltstadt im Kleinstaat

Zürich steht seit je in der amtlichen Reihenfolge der Kantone auf dem ersten Rang – heute auch nach Bevölkerungszahl und Wirtschaftskraft. Nicht die Patrizier, sondern die in den Zünften vereinten Handwerker regierten die Stadt am Zugang zum Gotthard und den Bündner Pässen, die 1351 dem Bund der Eidgenossen beitrat. Die Innerschweiz fürchtete seit je den Ehrgeiz der Zürcher, die in einem Streit um das Erbe der Grafen von Toggenburg nicht einmal vor einem Hilfegesuch an Habsburg zurückschreckten; doch der Schiedsspruch fiel schließlich zugunsten von Schwyz: Die reiche Limmatstadt konnte den anderen Orten nicht ihr Gesetz aufzwingen – auch nicht in der Reformation, als Zwingli eine von Zürich straff geführte evangelische Eidgenossenschaft plante. Die industrielle Revolution gab Zürich unter der Führung des der

*Flug vom Berner Mittelland ins Berner Oberland, im Vordergrund die Schrattenflue, dahinter die Kette des Brienzer Rothorns. Am Horizont die Berner Hochalpen*

Partei des Freisinns angehörigen Politikers und Wirtschaftsführers Alfred Escher, des Initianten der Gotthardbahn und Gründers der Schweizerischen Kreditanstalt, im letzten Jahrhundert die Vormachtstellung in der Schweiz. Zürich vereinigt heute Großindustrie und wirtschaftliche Entscheidungszentren, rund 500 Banken (darunter drei der fünf schweizerischen Großbanken), Versicherungen. Die Börse – nach New York, London und Tokio die viertgrößte der Welt – macht Zürich zu einem bedeutenden Finanzplatz, besonders für das Goldgeschäft. Zürich informiert die Schweiz über Radio, Fernsehen und die überregionalen Zeitungen des Landes (die traditionsbewußte *Neue Zürcher Zeitung,* der weltoffene *Tages-Anzeiger,* das Boulevardblatt *Blick,* die *Weltwoche* und andere). Die Agglomeration mit rund 700 000 Einwohnern (in etwas weiterem Rahmen spricht man vom ‚Millionen-Zürich') hat für schweizerische Verhältnisse ein fast erdrückendes Gewicht. Zürich hat seine City, in der 8000 Menschen wohnen, aber 60 000 arbeiten. Täglich pendeln 100 000 Leute zur Arbeit in die Stadt. Nach Diskussionen über Möglichkeiten und Grenzen des Wachstums lehnte das stimmberechtigte Volk 1973 den Bau einer Untergrundbahn ab, um acht Jahre später das Projekt für eine S-Bahn gutzuheißen.

Seit Alfred Eschers Zeiten ist der Zürcher Freisinn mit der Hochfinanz verbunden. Dem Freisinn verdankt die Schweiz die moderne Bundesverfassung. 1933 – die Sozialdemokraten hatten die Mehrheit in den Behörden – schreckten aber Freisinn und andere Zürcher Parteien nicht vor einem Wahlbündnis mit den nazifreundlichen ‚Fronten' zurück. Mit den ‚Fronten' sei „die Freisinnige Partei einverstanden, wenn sie es unternehmen, unsere Ratsäle vom russischen Ungeziefer zu säubern", erklärte ein freisinniger Politiker. Die Rechtsparteien, auch manche Katholisch-Konservative, erkannten das Barbarentum im Deutschen Reich erst später. Das Zürich der Arbeiterbewegung (hervorragende Figur war Stadtpräsident Emil Klöti) wurde dann zum Asyl für viele Verfolgte des Naziregimes, für Sozialisten, Kommunisten und Juden, so für den Schauspieler und Regisseur Wolfgang Langhoff, den Verfasser der *Moorsoldaten*, und andere große deutsche Schauspieler – auch Schriftsteller wie Thomas Mann lebten in Zürich. Das ‚rote Zürich' förderte Wohnungsbau und Sozialfürsorge. Der Publizist Alain Pichard erwähnt einen St. Galler Pfarrer, der gesagt haben soll: „Am besten unterstützt man die Armen, wenn man ihnen eine Fahrkarte nach Zürich schenkt."

Als Besonderheit in der politischen Landschaft entstand 1938 in Zürich der ‚Landesring der Unabhängigen', gegründet von dem genialen Kaufmann Gottlieb Duttweiler (der von ihm geschaffene ‚Migros-Genossenschaftsbund' verzeichnet heute Milliardenumsätze): In einer Zeit der Konfrontation zwischen links und rechts war er für das ‚soziale Kapital'. Der Landesring stellte Stadtpräsidenten, zuletzt Sigmund Widmer, fand aber außerhalb Zürichs weniger Anhänger.

*Zürich*

Zum Kanton gehören blühende Landschaften mit sprechenden Namen: Weinland, Säuliamt (Säuli = Schweinchen), Oberland – und die kunstfreudige Industriestadt Winterthur. Doch die Zürcher fühlen sich weniger als Angehörige eines Kantons: sie sind Schweizer. Der Berner, Basler, Walliser sagt, er spreche Berndeutsch, Baseldeutsch, Walliserdeutsch – der Zürcher spricht, wie er sagt, Schweizerdeutsch. Er hat das Gefühl, was gut sei für Zürich, sei gut für die Schweiz.

## Urschweiz: Rund um den Vierwaldstättersee

Luzern sei „der recht nabel und das ware mittel der Eidgenossenschaft", schrieb der gelehrte Humanist Albrecht von Bonstetten vor fünfhundert Jahren: Die Stadt am Zugang zum Gotthard, 1332 dem Bund beigetreten, bot den drei Waldstätten Markt und Mittelpunkt. Seither trägt der Vierwaldstättersee seinen Namen zu Recht: der Bund trat aus den Bergtälern von Uri, Schwyz und Unterwalden hinaus ins Mittelland, die Hochebene zwischen Bodensee und Genfersee.

Einen italienischen Schriftsteller erinnerten „die Plätze von Luzern an die Campi von Venedig, der Weinmarkt an Verona, und die Brücken in irgendeiner Weise an Florenz". Viele Luzerner machten früher ihre Studien in Italien; das Rathaus gleicht florentinischen Palästen, und im Gegensatz zu zürcherischem Puritanismus und bernischer Nüchternheit herrscht hier südliche Lässigkeit, sinnenfreudiger Barock. Wie im Tessin, im Jura und in Solothurn dauert in Luzern der Kampf zwischen Liberalen und Konservativen heute noch an, nur daß hier die Konservativen nicht die ‚Schwarzen', sondern die ‚Roten' heißen.

Der russische Schriftsteller Leo Tolstoi war 1857 beeindruckt von der „eigenartig majestätischen und zugleich unaussprechlich harmonischen und weichen Natur", wie er in seiner Erzählung *Luzern* schrieb. Richard Wagner wohnte 1866–1872 im Landhaus Tribschen am südlichen Stadtrand und vollendete hier die *Meistersinger von Nürnberg*, und 1893 wurde im Hotel Schweizerhof Kaiser Wilhelm II. empfangen. 1910 hatte die Stadt mit 39 000 Einwohnern 9400 Hotelbetten: ein Hotelbett auf vier Einwohner. Die Belle Epoque von Kaiser und Tourismus ging mit dem Ersten Weltkrieg zu Ende, aber immer noch ist die große Kleinstadt Luzern während der Fremdensaison eine kleine Großstadt. Während Montreux, Interlaken und Lugano zu Beginn der achtziger Jahre Gäste verloren, nahm die Zahl der Übernachtungen in Luzern zu. In einer Schloßkapelle trafen sich japanische Hochzeitspaare nach der Ziviltrauung zu einer festlichen Zeremonie; Fernsehgesellschaften in aller Welt berichteten darüber – „alles Gratispropaganda", frohlockte Verkehrsdirektor Kurt Illi. Heutige Touristen essen auf Rigi Kaltbad ‚Älplermakronen' und ‚Hafechabis', in der Wirtschaft ‚zur Schlacht' in Sempach ‚Chämibraten', Speck und Bohnen, und nach der gewaltigen Meringue genießen sie ein ‚Sechlete-Kafi', anderwärts auch ‚Kaffee Luz' oder ‚Kaffee fertig' genannt: Kaffee mit viel Schnaps. Und wer im Restaurant ‚Sonnegg' in Meggen Glück hat, erhält schöne rote Krebse aus dem nahen Soppensee (zwischen Ruswil und Wolhusen gelegen). Amerikanern auf Siebentage-Tour durch Europa wird abends in den Wirtschaften Fondue serviert, dann schunkeln die Yankees glücklich zum Swiss Yodle.

Die Urner sind seltener Bergbauern als Bahnangestellte oder Arbeiter in der Munitionsfabrik – bis heute jedoch leben die alten Markgenossenschaften in Korporation weiter, die vier Fünftel des Bodens als Gemeinbesitz verwalten. Schwyz ist – wie Graubünden – bis heute föderalistisch aufgebaut: die Bezirke haben autonome Behörden. Den Kanton Unterwalden hat es eigentlich nie gegeben: Die beiden Täler Nidwalden und Obwalden waren von Anfang an selbständig. Zug ist heute ein Ableger der Hochfinanz; das mehrheitlich protestantische Glarus gehört nicht ganz zur Innerschweiz; es war früh industrialisiert und schuf sich das erste Fabrikgesetz und die erste Altersversicherung im Lande. Doch wie Ob- und Nidwalden, wie die beiden Appenzell hat es seine Landsgemeinde über die Jahrhunderte bis in unsere Zeit hinübergerettet.

## *Land der Kuhköniginnen: das Wallis*

In keinem Land werden so viele Königinnen verehrt wie in der Schweiz. Ihr Ruf eilt ihnen von Tal zu Tal voraus; in Höfen und Hütten rühmt man ihren gebieterischen Blick, ihr respektheischendes Auftreten und ihr stattliches Gewicht, das – bei einem Brustumfang von zwei Metern – oft fünf Doppelzentner übersteigt: die Kuhköniginnen des Wallis.

Sie gehören zur kleinen, dunkelbraunen Viehrasse der Eringer, die – wie in Martigny der Bronzekopf eines dreigehörnten Stiers aus römischer Zeit beweist – seit über zwei Jahrtausenden im Wallis ansässig ist. Kämpferische Tiere: kaum sind sie im Frühsommer auf der Alp, ringen sie um die Hierarchie, und aus all den Zweikämpfen geht jeweils die lokale Königin hervor. Sie erwählt sich die besten Weideplätze und hat den Vortritt an der Tränke; die rangnächsten Fürstinnen oder Herzoginnen warten geduldig, bis sie an der Reihe sind, wobei hinter diesen wieder die Gräfinnen und Baroninnen anstehen müssen, nicht zu reden von Bürgerinnen und proletarischen Kühen. Den Sommer über herrscht unter dem Rindvieh der Walliser Berge eine höfische Ordnung wie einst in Versailles, Potsdam und Sankt Petersburg oder heute noch auf Wohltätigkeitsbällen der guten Gesellschaft.

Im Tal treffen sich die Königinnen zu acht Kuhkämpfen pro Saison. Im Anblick der Hochalpen scharen sich auf freiem Feld Männer, Frauen und Kinder rings um den mit Seilen doppelt abgesperrten Kampfplatz, um die Königinnen von fünf Kategorien zu erküren. Die Kandidatinnen, sauber gestriegelt und mit glänzendem Fell, warten außerhalb des Kampfplatzes, gelassen wiederkäuend: kastanienbraune bis kohlschwarze Eringerinnen, die an die ‚Vachettes' in der Camargue erinnern. Bäuerinnen in der Walliser Tracht haben ihre liebe Mühe mit den Kindern, die über die Absperrseile turnen und auf die Bäume klettern, um ja keine Szene des Kampfspiels zu verpassen. Männer mit vom Fendant, dem einheimischen Weißwein, geröteten Gesichtern unterhalten sich in deutschen und französischen Dialekten, die dem Fremden – auch wenn er Französisch oder Deutsch spricht – kaum verständlich sind. Die Ausscheidungskämpfe dauern stundenlang. Manche Kämpferinnen werden gefürchtet oder verehrt wie der ‚Henker von Montrogue' beim Catch. Man rühmt ihre ‚bösen Hörner' oder die ‚strammen Beine'. Da trabt eine Kronprinzessin in den Ring, eine Gräfin scharrt wütend mit den Vorderhufen. Nun stehen die beiden Maul an Maul, beschnuppern sich, senken die Lockenköpfe und verkeilen die Hörner ineinander ... hau, ruck! Ächzend schieben sie sich vor- und rückwärts, Speichel trieft über das zertrampelte Gras. Nach langem Hin und Her macht die eine Kämpferin kehrt und taumelt unter Schellengeläut davon: die neue Königin der Königinnen hat gesiegt.

Die Walliser sind kämpferisch wie ihre Kühe. Ihr Freiheitssymbol ist die ‚Matze': Immer wenn ein ‚Großer' gestürzt werden sollte, so schlug jeder Teilnehmer der Verschwörung einen

Nagel in einen Wurzelstock, dem ein menschliches Gesicht eingeritzt worden war. Als Fürstbischof Tavel 1361 mit großem Gefolge ins Goms ritt, um rebellische Untertanen zum Gehorsam zu zwingen, nahmen ihn diese wochenlang gefangen, bis er ihnen weitgehende Zugeständnisse machte. Mehrere andere Bischöfe wurden gefangengenommen, „ouch etliche erwürgt, erstochen und zu den zinnen us geworfen, ouch etliche vertriben", wie der aus dem Wallis stammende Kardinal Schiner im 16. Jahrhundert klagte. Seit je gilt im Wallis der Kampf jeder Autorität.

Walliser Katholiken schlossen mit reformierten Bündnern einen Pakt, um die Macht des Fürstbischofs zu brechen, und gründeten eine Republik. Fast ein Jahrhundert lang war ungewiß, ob sich der neue Glaube durchsetzen würde. Unter dem Druck der katholischen Orte siegte schließlich die römische Partei; die Protestanten wurden ausgewiesen, und noch heute ist das Wallis zu 95 Prozent katholisch und gehört zur Hauptsache einer einzigen politischen Partei zu: den Christlichdemokraten. Hier herrschen wie in Korsika die Clans, die Chermignon zum Beispiel mit den Farben weiß, gelb und grau bezeichnet: die Angehörigen besuchen die Wirtschaften ihrer Farbe, kaufen in bestimmten Spezereiläden ein, tragen ihr Geld auf bestimmte Banken und heiraten fast ausschließlich untereinander. Ämter und Machtpositionen in der Gemeinde sind praktisch erblich.

In der Zeit der Hochkonjunktur wurde das Wallis von einem Goldrausch erfaßt. Neue Kurorte von amerikanischen Ausmaßen (Anzère, Thyon 2000) schossen aus dem Bergboden. Wo früher Kühe weideten, machten sich nun Hotelpaläste und Appartmenthäuser breit: Ausländer kauften Tausende von Wohnungen; ohne Bewilligung holzten die Promoter bei Thyon eine Skipiste von 82000 Quadratmetern Fläche aus dem Wald. Die Verfilzung von Politik und Geschäft führte zu einem Strafprozeß gegen ein Bauunternehmen; mitangeklagt: hohe Politiker. Walliser Zeitungen entrüsteten sich über das Interesse der Schweizer Presse: „Von den Gaffern sollte man einen Eintrittspreis verlangen", und: „Wischt lieber vor der eigenen Tür." Sie sollten Recht bekommen. Es kam zu womöglich schlimmeren Skandalen um Parteifilz im Kanton Bern, um Spekulantentum, Drogenmafia und internationale Geldwäscherei mit Stützpunkten im Tessin und an der Zürcher Bahnhofstraße ...

### Von Mostindien nach Solothurn

Graubünden, das Land der 150 Täler, der Kanton mit der größten Fläche, mit zwei Konfessionen und drei Sprachen, ist die Schweiz im kleinen. Im Ancien Régime bestand die Bündner Föderation aus drei Bünden (Grauer Bund, Gotteshausbund und Zehngerichtebund); im obersten Organ, dem Bundestag, hatte jede Gerichtsgemeinde einen Abgeordneten, größere Gemeinden deren zwei. Die Bündner haben zwar inzwischen das frühere Untertanenland Veltlin verloren, doch sie „holen es halbliterweise wieder zurück", wie es heißt: roter Veltliner ist der beliebteste Tafelwein geblieben.

Sankt Gallen, Sitz traditioneller Textilindustrie, entstand 1803 als künstliches Gebilde aus einem Dutzend verschiedener Herrschaften und Kleinstaaten. Der Kanton umschließt wie ein Ring Appenzell: Dieses liegt, wie die St. Galler spotten, „wie ein Kuhdreck in einer grünen Wiese", nach Appenzeller Version „wie ein blitzblankes Fünffrankenstück in einem Kuhdreck". Die Appenzeller, seit der Reformation nach Konfession in zwei Halbkantone – Innerrhoden (katholisch) und Ausserrhoden (protestantisch) – geteilt, gelten als die schlagfertigsten Schweizer.

Wie das Veltlin den Bündnern, so fehlt dem fruchtbaren Thurgau, scherzhaft ‚Mostindien' genannt, die natürliche Hauptstadt Konstanz; doch die freundnachbarliche Zusammenarbeit über die Grenze funktioniert bestens. Schaffhausen, der einzige Kanton nördlich des Rheins, ist gar fast völlig von deutschem Gebiet umgeben. Basel mit seinem Rheinhafen ist für die Schweiz ein Tor zur Welt; die Basler sind weltoffen und – vor allem in Fastnachts-Versen – witzig; sie stehen den

*Typische Toggenburger Streusiedlung im Gebiet von Unterwasser – Wildhaus (Nordostschweiz)*

Genfern und anderen Romands geistig nahe. Den Chemiekonzernen verdankt die Stadt, die über ihre engen Grenzen hinauswächst, ihren Wohlstand; die Landschaft Basel, die sich 1833 aus Gründen der Gleichberechtigung von Basel-Stadt lostrennte, ist nun bevorzugte Wachstumszone.

Der Aargau am Zusammenfluß von Aare, Reuß und Limmat und am Rhein, wie St. Gallen 1803 aus vielfältigen Gebieten geschaffen, gilt als Land der Mitte: Er stimmt meist wie die Gesamtschweiz; das Parteienverhältnis ist dasselbe wie im Bund. Die Solothurner betrachten ihre schöne Stadt ohne übertriebene Bescheidenheit als die älteste der Welt: Der Sage nach haben die Vorfahren von ihrer Stadtbefestigung aus dem lieben Gott bei der Erschaffung der Welt zugeschaut. In der ehemaligen Residenzstadt des französischen Gesandten bemüht sich die Kantonsregierung um freundeidgenössische Zusammenarbeit zwischen Deutsch und Welsch – und kommt doch kaum über Kirchturmpolitik hinaus ... wenigstens im Falle Fritz René Allemann.

Der 1910 geborene Publizist (*Bonn ist nicht Weimar*, *25 Mal die Schweiz*), ein großer Europäer und Mann des Brückenschlags, erhielt 1972 den Kulturpreis, mit dem der Kanton verdiente Solothurner ehrt ... wegen eines Mißverständnisses: die Regierung glaubte, Fritz René sei heimatberechtigt in der Solothurner Gemeinde Welschenrohr, aus der das Geschlecht der Allemann stammt. Zwar war tatsächlich vor dreihundert Jahren ein Allemann-Ahne aus Welschenrohr ins Elsaß ausgewandert. Im Laufe der Jahrhunderte aber ging der Bürgerbrief verloren, die Nachkommen wurden vorerst Franzosen, dann Deutsche. Fritz Renés Vater versuchte 1927 erfolglos, sein Solothurner Bürgerrecht bestätigen zu lassen. Er mußte sich in einer Baselbieter Gemeinde neu einbürgern und die (besonders damals) erhebliche Summe von 8000 Franken bezahlen. Die Solothurner Regierung hätte nun empfehlen können, den Kulturpreisträger ehrenhalber wieder in das frühere Bürgerrecht aufzunehmen. Das tat sie aber nicht: Sie verschwieg, daß die Auszeichnung nicht an einen Solothurner ging. Aber schließlich hätte sie die Preissumme ja auch zurückverlangen können ...


### *Tessin: Sonnenstube mit Schattensteinen*

„Liberi e Svizzeri" – frei werden und Schweizer bleiben: das wollten die Tessiner, als sie in der Revolutionszeit die Wahl hatten, sich entweder der Cisalpinischen Republik in Oberitalien oder der Helvetischen Republik anzuschließen. Im Tessin war der eidgenössische Gedanke geboren: In Torre hatten sich 1182, ein Jahrhundert vor dem Bund der Eidgenossen, bäuerliche Gemeinschaften gegenseitig Beistand geschworen; sie wollten die unter geistlicher Herrschaft errungene Selbstverwaltung wahren und keine neuen Adelsburgen dulden. 1213

*Risotto für alle, ein Fasnachtsbrauch im Tessin. Hier sind die eifrigen Köche auf dem Quai von Ascona am Lago Maggiore unter den hungrigen Blicken zahlreicher Zuschauer an der Arbeit*

mußten sie ihr Staatsgebilde wieder auflösen; doch die Saat der Freiheit ging nördlich des Gotthards auf. 1411 schloß die Leventina (Livinen) ein Burgrecht mit Uri und Obwalden; bald darauf rissen die Visconti die eidgenössisch gewordenen Gebiete wieder an sich. Schließlich erhielten die Urkantone das Tessin pachtweise. Durch freiwilligen Anschluß oder Eroberung wurde im Laufe zweier Jahrhunderte das ganze Tessin schweizerisch: Die zwölf alten Orte (ohne Appenzell) verwalteten gemeinsam die acht ‚ennetbirgischen' Vogteien.

In der Mediationsverfassung von 1803 wurde Tessin ein eigener Kanton, der im 19. Jahrhundert blutige Zusammenstöße zwischen Liberalen und Konservativen erlebte. Im Sonderbundskrieg blieb das Tessin fest auf der Seite der Tagsatzungsmehrheit; zur Zeit des italienischen Faschismus blieb es entschlossen auf der Seite der Schweiz (obschon es die Zugehörigkeit zum italienischen Kulturraum nie verleugnete).

Tessiner Baumeister erstellten Meisterwerke in aller Welt (so die Mauern und Türme im Moskauer Kreml, die Reiseführer italienischen Architekten zuschreiben); andere zogen als Stallknechte, Schokolademacher, Kaminfeger und Steinmetze in die Fremde. Schließlich wandten sich junge Tessiner Saisonniers in Scharen der deutschen Schweiz zu, was zur Folge hatte, daß Alte und Frauen sommers die Last der Landwirtschaft allein übernehmen mußten. Die Geburten gingen zurück; Bergtäler wurden entvölkert; Italiener und Deutschschweizer füllten die Lücken, doch die Bevölkerungszahl des Tessin nahm zwischen 1850–1960 nur halb so stark zu wie im Durchschnitt die der Schweiz. Wirtschaft und Gesellschaft haben, vom heutigen Wirtschaftsaufschwung überdeckt, fast kolonialen Charakter. Die (deutschsprachige) Überfremdung, besonders in oberen Gehaltsklassen, nimmt gebietsweise dramatische Formen an.

## *Genf ist eine Insel*

Die Waadt – während der Revolution neben Freiburg der einzige französischsprachige Schweizerkanton – feiert alljährlich am 24. Januar den Tag des Aufstands gegen Bern als Nationalfeiertag; erstes Geschäft des Kantonsparlaments von 1803 war die Annahme einer Huldigungsadresse an den Ersten Konsul Bonaparte. Der Waadtländer Staat ist in seinem streng zentralistischen Aufbau, mit von der Regierung ernannten Präfekten, bonapartistisch geblieben. Mehrere Mitglieder der Familie Bonaparte leben heute noch in der Waadt.

Genf, während der Revolution gegen seinen Willen Teil Frankreichs, feiert alljährlich den Frühlingsbeginn, wenn auf der Promenade de la Treille die erste Kastanienblüte aufgeht. Unter französischer Herrschaft hatten Anhänger der Unabhängigkeit ihre Versammlungen als botanische Exkursion getarnt: Die Erwartung des Kastanienblühens symbolisierte den

Freiheitsdrang, den erhofften politischen Frühling. So feiert das Waadtland die Revolution, Genf dagegen die Restauration als Zeit der Befreiung.

Der Genfer UNO-Palast ist eine Welt für sich; wer ihn besucht, kann seinen Lieben eine Postkarte aus dem ‚Ausland' schicken; und dies seit 1969. Der UNO-Palast hat eine eigene Postverwaltung und eigene Marken wie Monaco, Liechtenstein oder der Vatikanstaat. Er ist größer als das Schloß Versailles, Arbeitsplatz für 3000 Beamtinnen und Beamte und mit jährlich 5000 Versammlungen wichtigster Kongreßort der Welt. Die internationalen Organisationen der Vereinten Nationen (UN) bieten insgesamt 21 000 Arbeitsplätze. Die Diplomaten (mit Familienangehörigen über 30 000 Personen) leben zwar steuerfrei, doch sie geben jährlich in Genf 1,2 Milliarden Franken aus und bilden so einen Antriebsmotor für den lokalen Wohlstand. 118 Staaten unterhalten Botschaften in Genf (in Bern 78), unter ihnen auch ... die Schweiz, nicht eingerechnet die Schweizer Vertretung beim GATT (Abkommen über Tarife und Handel). Kaum eine andere Stadt verzeichnet so viele Besuche ausländischer Staatschefs. Und: Genf ist „atemberaubend elegant", wie die Illustrierte *Stern* schrieb: Französische Couturiers, italienische Schuhfirmen, New Yorker Juweliere haben ihre Niederlassungen an der Rue du Rhône. Im europäischen Kernforschungszentrum Cern suchen Tausende von Wissenschaftlern zu ergründen, „was die Welt im Innersten zusammenhält".

# 5. Staat und Armee

Das Bundeshaus aus graugrünem Sandstein blickt von Bern aus über die Voralpen zu den Schneezacken des Hochgebirges. Ein erster Gebäudeteil, das alte ‚Bundes-Rathaus‘, wurde 1857 eingeweiht, 1902 der Zentralbau im schwerfälligen Prunkstil der Gründerzeit, eine Mischung aus orthodoxer Kathedrale und Kopfbahnhof, mit kuppelgekrönten Stumpentürmchen, stadtseitig mit einem Restposten von antikem Säulenwerk versehen. Im schummrigen Tempellicht unter der Hauptkuppel führt eine breite Treppe an allegorischen Statuen vorbei zu den Ratssälen; im Nationalratssaal schweben auf dem Kolossalgemälde von Charles Giron weiße Wolkengebilde über der ‚Wiege der Eidgenossenschaft‘ am Vierwaldstättersee.

### *Verteilung der Macht*

Wer auf der Straße nach dem Namen des schweizerischen Staatspräsidenten fragt, erhält vielleicht als Antwort ein hilfloses Achselzucken: Wer kennt schon die Namen der sieben Bundesräte, und wer soll wissen, welcher von ihnen gerade die Sitzungen präsidiert? Staatsoberhaupt sind die sieben Bundesräte gemeinsam; bei einem ausländischen Staatsbesuch in Bern treten sie in corpore an: Der Gast hat sieben Hände zu schütteln. Der Bundespräsident amtiert nur für jeweils ein Jahr und wird dann lediglich Primus inter pares, erster unter gleichrangigen Ministern. Er repräsentiert nach außen und leitet die Regierungssitzungen ein Jahr lang, um dann das Amt an einen Regierungskollegen weiterzugeben.

Auf längere Zeit wählen nur einige kleine Kantone, in denen sich das Volk seit Jahrhunderten alljährlich an der Landsgemeinde unter freiem Himmel versammelt, ihren Land-

*Bern. Das Bundeshaus, Sitz der schweizerischen Landesregierung. Seine Terrasse ist eine beliebte Promenade mit prächtigem Rundblick*

ammann, den Staats- und Regierungschef; auch die meisten Stadt- oder Gemeindepräsidenten bleiben für mehrere Jahre im Amt (in Genf wechselt das Stadtpräsidium alljährlich).

Macht ist seit je Angelegenheit von Kollegialbehörden. Nie darf ein einzelner zu viel politische Macht erhalten: Die Schweiz ist mißtrauisch gegen ‚Große'. Im Parlament gibt es keine Vertrauensfragen, keine Regierungskrisen und kaum aufsehenerregende Rücktritte, auch kein Präsidentenveto. Das narrensichere Regierungssystem bewährt sich im Alltag meist auch mit mittelmäßigen Amtsinhabern, und manche Beobachter glauben, daß Regierungsmitglieder wie einst im demokratischen Athen per Los bestimmt werden könnten. Heute wählt die Bundesversammlung (Ständerat und Nationalrat zusammen) die Bundesräte nach ihrer Zugehörigkeit zu Partei, Kanton, Konfession und Sprache. Die Regierung hat keine Fachminister: Jedes Mitglied sollte ein beliebiges Ministerium (hier Departement genannt) übernehmen können. Die Verwaltung bildet jedoch mehr und mehr einen Staat im Staate; Verwaltungskontrolle wird zum Problem.

Die Bundesräte sind gut bezahlt – auch im Vergleich zu Amtskollegen in größeren Staaten (nicht aber im Vergleich zu Managern der Privatwirtschaft, die nach anderen Regeln funktioniert als ein demokratischer Staat); sie genießen Privilegien. Doch in der Stadt wird sich der Bundespräsident wie jeder Bürger zu Fuß oder per Tram fortbewegen. Sogar die Armee – die wie alle Armeen nicht nach demokratischen Prinzipien aufgebaut ist – hat in Friedenszeiten keine hierarchische Spitze; nur für Kriegszeiten wählen jeweils die eidgenössischen Räte einen Oberbefehlshaber, den General, der nach Kriegsende wieder abzutreten hat.

## *Die Zauberformel*

In der Bundesregierung bilden vier Parteien – Freisinnigdemokratische Partei (FDP), Christlichdemokratische Volkspartei (CVP), Sozialdemokratische Partei (SP), Schweizerische Volkspartei (SVP) – eine Jahrzehnte überdauernde Koalition. Nach 1848 regierten die Freisinnigen im Bund allein; 1891 erhielten die Konservativen (die heutige CVP) einen ersten Sitz; die Sozialdemokraten erst während des Krieges, 1943. Heute spricht man von einer Zauberformel: Im Bundesrat sitzen je zwei Freisinnige, Christlichdemokraten und Sozialdemokraten, dazu ein (Berner) Vertreter der Schweizerischen Volkspartei. Auch in fast allen Kantonsregierungen sind mehrere Parteien vertreten: Die Politik ist nicht auf Konfrontation, sondern auf Konsens ausgerichtet. Sie ist deshalb recht unspektakulär; am Fernseher ergötzen sich die Schweizer je nach Sprachzugehörigkeit eher an theatralischen Rededuellen in Paris, Bonn oder

Rom als an den oft schleppenden Verhandlungen im Berner Bundeshaus.

Das Bundesparlament besteht aus zwei Kammern. Der Ständerat mit je zwei Vertretern der 23 Kantone (die meisten kleinen Kantone sind konservativ) steht weiter rechts als der 200köpfige Nationalrat. Doch die beiden Räte sind gleichberechtigt, bei Meinungsverschiedenheit müssen sie den Ausgleich suchen. Das Zweikammersystem hat seine Parallele bei allen eidgenössischen Volksabstimmungen: Eine Vorlage benötigt sowohl das Volksmehr (die Mehrheit aller Stimmenden) als auch das Ständemehr (die Mehrheit der Kantone), damit sie als angenommen gilt.

Das Volk (oft – wie in Monarchien der König – als ‚der Souverän' bezeichnet) wählt nicht einfach nur seine Vertreter in Parlament und Regierung; es kann sich auch zwischen den Wahlen zu fast jedem Thema äußern: In Gemeinde und Kanton sagen die Stimmbürger, wieviel Steuern sie bezahlen wollen; der Souverän kann per Referendum Beschlüsse der Parlamente in Gemeinde, Kanton und Bund umstürzen, die Initiative für neue Gesetze und Verfassungsbestimmungen ergreifen, in der Auseinandersetzung mit Regierung und Parlament Verfassung und Gesetze fortlaufend ändern, sozusagen neu anpassen wie Kleider. Deshalb werden die Bürger viel häufiger an die Urnen gerufen als in anderen Ländern, und die Stimmbeteiligung sinkt manchmal beängstigend tief, schnellt aber bei umstrittenen Themen wieder in die Höhe.

Jede wichtige Regierungsvorlage geht erst einmal „zur Vernehmlassung" an Parteien, Wirtschaftsverbände und kulturelle Vereinigungen jeglicher Couleur; sie wird im Hinblick auf die Chancen im Parlament redigiert, und dieses muß sich stets die Stimmung im Volk vor Augen halten. Revolutionäre Sprünge und Umwälzungen sind daher kaum möglich; das Gewicht der Beharrung bremst den Drang nach Veränderungen, diese vollziehen sich schrittweise, oft verzögert gegenüber dem Ausland, doch stetig und von Dauer.

## Lausanne und Straßburg

Das höchste Gericht der Eidgenossenschaft steht etwas weltentrückt an einem Südhang in Lausanne: ein klassizistischer Tempelbau oben an einer Prunktreppe, die den langen Marsch des Rechtssuchenden auf dem Instanzenweg zu veranschaulichen scheint. Unter dem Giebel des Säulenvorbaus wacht eine steinerne Alpen-Athene, das Schwert unter dem Mantel versteckt. Wem sich das schwere Tempeltor öffnet, der steht vor einer Innentreppe aus schwarzem Marmor, die schrägaufwärts durch das gruftartige Gebäude zum großen Audienzsaal führt. Meist herrscht Grabesstille. Die Treppe erinnert fast an Erzvater Jakobs Leiter, „die rührte mit der Spitze an den Himmel, und siehe, die Engel Gottes stiegen daran auf und nieder, und der Herr stand obendrauf". Bei aufsehenerregenden Strafprozessen spielen schwerbewaffnete Polizisten die Rolle der Engel auf der Jakobsleiter. Obendarauf, hinter der schweren Pforte, warten, noch einmal erhöht auf einer Estrade, die Richter, meist fünf, manchmal drei oder sieben. Sie sitzen in der nach Anciennität festgelegten Sitzordnung, und auch ihre Redeordnung ist genau festgelegt.

Zur Urteilsfindung ziehen sich die Richter nicht zurück: Die Schweiz ist das einzige Land der Welt, in dem der oberste Gerichtshof meist öffentlich tagt. Nirgendwo sonst ist die Rechtsfindung so eindrucksvoll zu erleben, und nirgendwo sonst zeigt sich so offen, daß Recht und Gerechtigkeit Menschenwerk sind. Manchmal ändert ein Richter aufgrund der öffentlichen Diskussion seine Meinung. Die Mehrheit 3:2 wechselt zur Mehrheit 2:3, aus einem Nein wird ein Ja – mit erheblichen Folgen, vielleicht für das ganze Land.

Seit die Schweiz 1974 der Europäischen Menschenrechtskonvention beitrat, können zwar Beschwerdeführer mit ihren Klagen an den Gerichtshof für Menschenrechte in Straßburg weiterziehen. Die Straßburger Richter können aber kein Urteil aufheben: Sie stellen vielleicht fest, daß ein Urteil gegen die Konvention verstößt und regen damit Änderungen an.

*Blutige Schlachten*

Im November 1989 hatten sich die Stimmberechtigten über einen bislang undenkbaren Vorschlag zu äußern: eine ‚Gruppe Schweiz ohne Armee' wollte nichts Geringeres, als das eidgenössische Heer abschaffen. Die Initiative wurde abgelehnt, doch immerhin 35,6 Prozent der Stimmenden sagten ja, junge Wehrpflichtige sogar mehrheitlich. Offenbar ließ die internationale Entspannung viele am Sinn der kostspieligen Bewaffnung und der langen Wehrpflicht (bis zum 50. Lebensjahr und bis 60 Einteilung in den Zivilschutz) zweifeln. Doch vorläufig hat noch jeder Schweizer Militärdienst zu leisten. Er ist Bürger in Uniform; sein Land unterhält eine der größten Armeen Europas. „Die Schweiz hat nicht eine Armee, sie ist eine Armee", erklärt der Militärhistoriker Hans Rudolf Kurz. Das Waffentragen galt lange als Zeichen des freien Bürgers; nur der Wehrfähige war stimmfähig: Die Appenzeller brauchten ihren Säbel, Degen oder ihr Bajonett als Stimmausweis bei den Landsgemeinden, weshalb manche Männer den Frauen die politische Gleichberechtigung nicht oder nur widerstrebend gewähren wollten: in Innerrhoden haben die Frauen im Jubeljahr 1991 das Stimmrecht in schweizerischen, nicht aber in kantonalen Angelegenheiten.

Die Eidgenossenschaft, als Verteidigungsbündnis gegründet, hatte sich früh im Kampf zu bewähren. In einer Reihe von Schlachten errang ihr Fußvolk Sieg auf Sieg gegen weit überlegene Ritterheere: am Morgarten 1315, bei Laupen 1339, Sempach 1386, Näfels 1388. Während zwei Jahrhunderten beherrschten die Eidgenossen die Schlachtfelder Europas. Die Kriegsabenteuer erinnern zeitweise an Erzählungen aus dem Alten Testament, in denen ein auserwähltes Volk über Pharaonen und Philister triumphiert; auch für die Eidgenossen, die vor dem Kampf jeweils den Allmächtigen um Hilfe anriefen, war „der Herr der rechte Kriegsmann".

Dem urtümlichen Siegesstreben der Eidgenossen waren die in den Traditionen des Turnierplatzes verhafteten Ritter nicht

*Alljährlich im April findet die Näfelser Fahrt statt, die Gedenkfeier*

gewachsen. Die ungestümen Bergler verbreiteten weiterum Furcht und Schrecken. „Das war nicht eine Schlacht, sondern sozusagen nur ein Schlachten", klagte ein Habsburger Chronist über die Eidgenossen am Morgarten: „Niemand verschonten sie, noch auch bemühten sie sich, jemand zu fangen, sondern sie schlugen sie alle tot ohne Unterschied." Sie schwangen ihre Hellebarden, „überaus furchtbare Mordwaffen, mit denen sie die stärkst bewaffneten Gegner wie mit einem Schermesser zerteilten und in Stücke hieben", wie es im Bericht weiter heißt. Sogar eine Niederlage bei St. Jakob an der Birs 1444 mehrte den Schlachtenruhm. „Die Schweizer, gleich Löwen, rasen mitten in die Sieger durch das ganze Heer, schlagen, schmettern alles nieder, nicht als kämpften sie

*an den Sieg der Glarner vom 9. April 1388*

um den Sieg, sondern im Bewußtsein, ihren Tod zu rächen", schreibt ein Zeitgenosse. In den Burgunderkriegen schlugen Schweizer die Heere des Herzogs Karl auch durch psychologische Kriegführung. „Es brüllte das Horn von Uri, auch die Harsthörner von Luzern, und es war ein solches Tosen, daß des Herzogs Leute ein Grausen darob empfingen und zurückwichen", erzählt ein Augenzeuge von der Schlacht bei Grandson 1476. Damals erprobten die Eidgenossen mit Erfolg die neue Spießtaktik. In Sempach hatten sie die todbringenden Ritterspieße kennengelernt, gegen die sie mit Hellebarden nicht ankämpfen konnten. Statt wie bisher in Keilform drangen sie nun als Gevierthaufen vor, bewaffnet mit Langspießen, an denen die heranbrausende Reiterei blutig abprallte. „Die große Zeit der selbständigen Reiterheere ist am eidgenössischen Langspieß zerschellt, der die Reiter aus dem Sattel hob", erklärt Hans Rudolf Kurz.

Die Vernichtungsschlacht bei Murten beendete den Traum von einem starken europäischen Mittelreich. Die Schweizer freuten sich über eine reiche Kriegsbeute. Eine Kette von Siegen erfochten sie in den Schwabenkriegen 1499, welche die Trennung vom Reich vorzeichneten. Doch die Zeit der reinen Infanterieheere war vorbei: Bei Marignano 1515 mußten die Eidgenossen der französischen Artillerie das Feld überlassen. Marignano brachte eine Neubesinnung: die Schweiz zog sich aus der Großmachtpolitik zurück und verzichtete auch darauf, an Kriegen der europäischen Mächte mitzumachen. Mit dem ‚Stillesitzen' begann die Geschichte der schweizerischen Neutralität – aber auch der Kriegsdienst in der Fremde, der mehr jungen Schweizern das Leben kosten sollte als die Kämpfe für die Unabhängigkeit.

*Landsknechte und Schweizergarden*

Schon 1444, einen Tag nach dem Drama von St. Jakob an der Birs, unterschrieben die acht alten Orte und Basel bei Ensisheim einen ‚ewigen' Freundschaftsvertrag mit dem Dauphin, dem späteren König Ludwig XI. König Franz I. schickte 1522 als erster Monarch einen diplomatischen Vertreter zu den verbündeten Eidgenossen, und zwar nach Solothurn, das bis zur Revolution Residenzstadt der ‚Ambassadoren' blieb. Franz I. hatte die Eidgenossen besiegt; nun gewann er sie auf Jahrhunderte hinaus als Kriegspartner. Der französische Hof warb in der Eidgenossenschaft Soldaten an (bevorzugt deutschsprachige) – gegen den Widerstand Zwinglis und der anderen Reformatoren. „Viel Fürsten und Herren buhlten um die Eidgenossenschaft heimlich und öffentlich, verhießen viel Gold und Geld und verderbten viel redliche Leute", schrieb Zwinglis Zürcher Nachfolger Bullinger. Zwingli war überzeugt, daß die Schweiz ihre Bewohner ausreichend ernähren könne, falls sich diese einer einfacheren und sittlicheren Lebensweise befleißigten. Von den Leuten, die Söldner an fremde Fürsten vermittelten, sagte er: „Sie sind den metzgern glych, die das vech (Vieh) gen Constantz trybend."

Die Tagsatzung hatte schon 1503 einen ‚Pensionenbrief' beschlossen, der die Annahme ausländischer Schmiergelder untersagte. Doch bald darauf überließ die Tagsatzung den Entscheid wieder den einzelnen Orten. Der Berner Schultheiß (Stadt- und Staatspräsident) Niklaus von Diesbach ließ sich vom französischen König privat für den eidgenössischen Kampf gegen Karl den Kühnen bezahlen; der Zürcher Bürgermeister Hans Waldmann bezog Pensionen von Frankreich, Österreich, Savoyen und Mailand; Schultheiß Hassfurter von Luzern ließ sich von Frankreich, Ungarn, Österreich, Mailand und Lothringen für Soldverträge schmieren.

Zürich und andere protestantische Städteorte stellten das Pensionenwesen zeitweise unter Todesstrafe; zwei Zürcher Ratsherren wurden wegen verbotenen Pensionenbezugs hingerichtet. Den wohlhabenden Städten fiel der Verzicht leichter. Für die katholischen Länder in den Bergen dagegen waren die Gelder der Fürsten eine Art Entwicklungshilfe – vornehmlich zugunsten einer Oberschicht, ähnlich wie heute in der Dritten Welt. Doch auch ein gemeiner Soldat konnte anderthalb bis zweimal soviel verdienen wie ein Maurergeselle in der Schweiz.

Im 16. und 17. Jahrhundert bildeten Solddienst und Pensionen die wichtigste Quelle für große und größte Vermögen. Gegen Ende des 16. Jahrhunderts hatten die Führer katholischer Orte die höchsten Einkünfte: Melchior Lussy aus Stans und der ‚Schweizerkönig' Ludwig Pfyffer aus Luzern. Doch auch die protestantischen Orte gaben der Versuchung nach. Im ‚Ewigen Frieden' nach der Schlacht bei Marignano hatten sich alle acht alten Orte mit Frankreich verbündet; zeitweise bezogen sämtliche ein jährliches ‚Friedensgeld' oder ‚Jahrgeld' vom französischen König. Dazu kamen die ‚Rodelpension', das ‚Partikulargeld' und andere regelmäßige Zahlungen, die der König an die Orte zur Weiterleitung an Privatpersonen auszahlte. Die Verbote richteten sich nun nur noch gegen heimliche Schmiergelder, die direkt den Nutznießern zuflossen.

Zwingli hatte gegen die ‚Reisläuferei' gekämpft, dagegen daß junge Leute sich als Landsknechte den Gesetzen fremder Fürsten unterwarfen. Später schlossen die alten Orte Soldverträge ab, Kapitulationen geheißen, weil sie in Kapitel aufgeteilt waren. Die Schweizer Regimenter in der Fremde wurden damit exterritorialisiert: Sie taten Dienst unter der eigenen Fahne, konnten nur von Schweizer Offizieren befehligt und von Schweizer Richtern nach eidgenössischen Gesetzen verurteilt werden. Ursprünglich wurden Soldaten nur für einzelne Kriegszüge verpflichtet, später bildeten sie ein stehendes Heer. Die Kompanie der ‚Hundert Schweizer', 1496 von Karl VIII. gegründet, bildete von Anfang an eine Ausnahme. Bei der Vereidigung schwor der Soldat, „seiner königlichen Majestät überall und gegen alle zu dienen, unter Vorbehalt der Herrscher und Gebieter in den löblichen Orten der Eidgenossenschaft".

1616 wurde das Regiment Gallati zum Regiment der Schweizer Garde; später kamen zwölf weitere Regimenter dazu, die die Namen ihrer Obersten trugen. An der Spitze der Schweizer Truppen in Frankreich stand ein Generaloberst der Schweizer und Bündner. Drei Schweizern wurde laut dem Historiker Jean-René Bory der Marschallstab verliehen: dem Berner Hans Ludwig von Erlach, dem Zuger Generalleutnant Beat Jakob von Zurlauben und (posthum) dem Generalleutnant François de Reynold aus Freiburg im Üechtland.

Das Amt des schweizerischen Generaloberstes wurde in der Revolution aufgehoben, aber 1803 vom Ersten Konsul Bonaparte wieder eingeführt; es überdauerte auch das Restaurationsregime. Das Kaiserreich zählte dreiundzwanzig Schweizer Generäle, die Restauration deren zehn. Drei Schweizer erhielten den Rang eines Kommandeurs im Ritterorden vom Heiligen Geist; daneben wurden zahlreiche weitere Orden verliehen und Offiziere in den Adelsstand erhoben; für protestantische Offiziere schuf Ludwig XV. einen besonderen Orden, den ‚Mérite militaire'.

Seit der konfessionellen Spaltung holten sich auch andere Herrscher Schweizer Regimenter: Die protestantischen Orte schickten Truppen nach Holland, England, Preußen und Schweden, die katholischen nach Österreich, Sardinien, Neapel, Sachsen-Polen, Spanien und Portugal, Venedig, Genua und in den päpstlichen Staat. Pius IV. schloß 1565 mit den fünf inneren Orten eine Militärallianz ab. Jeder Vertrag war zugleich eine Art Nichtangriffspakt: Kein Herrscher wollte ein Land bekämpfen, das ihm so gute Soldaten lieferte. Mit den Soldbündnissen wurden auch Handelsprivilegien für die Schweiz ausgehandelt: verbilligte Salzlieferungen, Zoll- und Steuervergünstigungen.

„Wenn man die Geschichte des Dienstes in der Fremde nicht nur vom militärischen, sondern auch vom sozialen Standpunkt aus betrachtet, erkennt man, welchen Einfluß er auf die geistige und künstlerische Entwicklung der Schweiz ausgeübt hat", schreibt Gonzague de Reynold, ein Nachkomme des Generals François de Reynold: „Man sieht, daß er unser Land aus der Absonderung und Einigelung hervorgeholt hat (...) Der Dienst in der Fremde knüpfte Verbindungen zwischen der Schweiz und den großen Kulturzentren Europas, allen voran Versailles."

In vier Jahrhunderten kämpften rund zwei Millionen Schweizer (70 000 Offiziere, darunter 700 Generäle) für fremde Fürsten, eine Million davon für Frankreich – und dies zu Zeiten, da die Schweiz kaum mehr als eine Million Einwohner zählte. „Den fremden Diensten und den damit zusammenhängenden Einnahmen an Sold, Pensionen und Bundesgeldern ist die generell positive Zahlungsbilanz der Schweiz zuzuschreiben", schreibt Martin Körner (in: *Geschichte der Schweiz und der Schweizer*). Hans Rudolf Kurz meint: „Bei allen Lasten, welche die Solddienste der Heimat brachten, hatten sie auch ihre Vorzüge: Sie trugen wesentlich zur Aufrechterhaltung der Neutralität der Eidgenossenschaft bei und sorgten dafür, daß die Verbindung mit dem militärischen Denken und der Entwicklung des Kriegswesens in der Heimat nicht abriß."

Die fremden Kriegsdienste hatten gezeigt: die Schweizer waren tapfer; sie machten aber auch deutlich: die Schweizer waren käuflich. Der französische Gesandte in Solothurn erstellte 1777 eine Liste der ‚Qualifikationen' über die für Frankreich nützlichsten Männer, die wie fleißige Schüler beschenkt werden sollten. Der Venner Müller in Uri war „sehr gut" (und erhielt 2400 Livres), Landammann Bersier gerade noch „gut" (1200 Livres); der Freiburger Schultheiß Werro („sehr wertvoll durch Dienstbeflissenheit") war 3000 Pfund wert, sein Solothurner Amtskollege Glutz („gut, aber schüchtern") lediglich 1200 Pfund. Auch der Appenzeller Landammann Broger („rechtschaffen, doch in den Möglichkeiten beschränkt") erhielt nur 1200 Pfund; Obwaldens Landammann von Flüe („ehrlich und guter Franzose") erhielt über seine Pension hinaus noch 100 Pfund Zusatzrente.

Die Schweizer schlugen sich in allen europäischen Kriegen, aber auch in Asien und Afrika. Zuweilen waren auf den Schlachtfeldern Schweizer unter sich. Bei Ivry 1590 gewährten die Schweizer Heinrichs IV. ihren Landsleuten einen ehrenvollen Abzug, doch 1709 stürmten bei Malplaquet zwei bernische Regimenter – einerseits für Holland, anderseits für Frankreich – aufeinander los.

Zur Zeit der Revolution standen vierzehntausend Schweizer in französischen Diensten – „Republikaner zur Verteidigung der Monarchie gegen Revolution und Republik", wie der Arbeiterführer Robert Grimm in seiner *Geschichte der Schweiz in ihren Klassenkämpfen* notiert. 1792 wurde die Schweizergarde des französischen Königs Ludwig XVI. im Pariser Tuilerienschloß – laut Grimm wegen „Hundetreue und Verrats der Freiheit" – niedergemetzelt (an sie erinnert das Löwendenkmal in Luzern).

Schon 1790 war aber das Schweizer Regiment des Genfer Marquis Lullin de Châteauvieux in Nancy zur Revolution übergegangen. Ein Kriegsgericht aus Schweizer Offizieren verurteilte die Meuterer: einen zum Tod auf dem Rad, 23 zum Galgen, 41 zu Galeerenstrafen, weitere zu Gefängnis und Bußen. Die Galeerensträflinge wurden 1792 befreit und im Triumphzug von Brest in den Pariser Parlamentssaal geführt. Ein Redner feierte sie mit den Worten: „Ihr habt Schmach und Unglück erduldet, weil ihr euch nicht als Werkzeug der Tyrannei mißbrauchen und erniedrigen ließet." Die rote Galeerenmütze der Rebellen übernahmen die Jakobiner als Symbol der revolutionären Freiheit. Dann hatte die Schweiz den napoleonischen Heeren Soldaten zu stellen: von den 12 000 Schweizern in der Großen Armee kehrten nur 300 aus Rußland zurück.

Titel und Orden (oft mit Geldzahlungen verbunden) waren als Gunstbezeugungen fremder Monarchen geschätzt, auch nach der Revolutionszeit. In der Tagsatzung der Restauration begrüßten sich ordensgeschmückte Delegierte wieder mit fremden Adelstiteln. Politiker ließen sich von Fürsten aushalten wie Luxusdirnen. Frankreichs Gesandter schrieb 1824 von den Schweizern, sie seien „eitel, auf persönlichen Vorteil bedacht und leicht zu verführen". Erst nach 1830 wurden Titel, Orden und Pensionen verboten, so in Bern 1831: „Kein Mitglied des Großen Rates und kein Beamter des Staates darf von einer fremden Macht eine Pension, einen Titel oder einen Orden annehmen."

Die Bundesverfassung von 1848, die fremde Kriegsdienste untersagte, verstärkte in Artikel 12 das Verbot von Titeln und Orden, ab 1874 umfaßte es auch Soldaten und Offiziere der Armee, und 1931 wurde es weiter verschärft. Die Annahme von Titeln, Orden und Pensionen ist auch heute noch für viele Schweizer verboten: für Mitglieder von Kantons- und Bundesbehörden, Beamte und Angestellte des Bundes (sowohl für Professoren an den eidgenössischen Hochschulen als auch für Landbriefträger oder Bahnarbeiter) sowie für die über 600 000 Wehrmänner bis zur Entlassung aus der Dienstpflicht. Zuwiderhandelnde müßten ihr Amt aufgeben, Offiziere würden degradiert. Wer Mitglied einer Behörde werden will, muß Orden zurückgeben, wie der Genfer Soziologieprofessor Jean Ziegler seinen französischen Orden für Kunst und Literatur nach den Nationalratswahlen 1987 – obwohl heute der Unabhängigkeit des Landes weniger von Nachbarregierungen Gefahr droht als von Spenden multinationaler Firmen, eher von Aufsichtsratsmandaten als von Literaturorden.

Die fremden Kriegsdienste hinderten die Eidgenossen nicht daran, gesamteidgenössische Wehrordnungen (Defensionale) zu schaffen, so 1647 unter der Bedrohung durch den Dreißigjährigen Krieg. Nach dem Sonderbundskrieg schweißte der ‚Neuenburgerhandel' die Schweizer wieder zusammen. Neuenburg war seit 1815 Kanton, bis 1848 aber gleichzeitig Fürstentum des Königs von Preußen, der die Schweiz 1856 bedrohte. Die Armee wurde mobilisiert, erneut unter dem Oberbefehl von General Henri Dufour; schließlich verzichtete der König auf seine Rechte in Neuenburg. Im Deutsch-Französischen Krieg 1870/71 stand die Armee erneut an der Grenze; sie hatte vor allem Mühe, den Übertritt der französischen Ostarmee unter General Bourbaki zu bewältigen und die über 83 000 Internierten auf 188 Gemeinden zu verteilen.

## *Die beiden Weltkriege*

Im Ersten Weltkrieg (die Armee stand unter dem Oberbefehl von General Ulrich Wille) stellten sich keine allzu schwierigen militärischen Aufgaben: Beide Kriegsparteien waren gleichermaßen an der schweizerischen Neutralität interessiert. Dagegen brachte der Krieg schwere soziale Probleme, und so wurde nach Kriegsende die Armee beim Ordnungsdienst während des Generalstreiks aufgeboten – wie noch einmal 1932 in Genf, wo Rekruten 13 Teilnehmer an einer Kundgebung gegen den Faschismus erschossen. Besser organisiert als 1914–1918 war die Kriegswirtschaft im Zweiten Weltkrieg, der für die Armee (unter dem Kommando von General Henri Guisan) eine schwere Belastungsprobe brachte. Im Juni 1940 drängte die Panzergruppe Guderian das 45. französische Armeekorps (43 000 Soldaten, darunter 13 000 Polen) über die Juragrenze; das war die bedeutendste, jedoch nicht die einzige Internierungsaktion: Im Verlauf des Kriegs wurden rund 104 000 Militärpersonen interniert. Nach der Niederlage

Frankreichs war die Schweiz völlig von Deutschland und Italien eingeschlossen. Die beiden Achsenmächte sprachen zeitweilig von einer Aufteilung der Schweiz. An der Juragrenze kam es zu Luftkämpfen gegen eingedrungene deutsche Flugzeuge; mehrere wurden abgeschossen. Im Verlauf des Krieges stürzten 250 alliierte Maschinen über Schweizer Gebiet ab, wurden abgeschossen oder zum Landen gezwungen.

Das deutsche Oberkommando des Heeres hielt 1942 fest, „daß die Schweizer Landesbefestigung heute einen Zustand erreicht hat, der dem Schweizer Heer erlaubt, einem Angreifer ernsthaften Widerstand in der Grenzzone entgegenzusetzen und sich im ‚Réduit national' auf lange Zeit zu halten". Das Réduit war die Alpenfestung, in die sich die Armee im Notfall zurückziehen sollte. Nach dem Krieg neigten manche Beobachter zu der Ansicht, daß weniger die Armee als die Waffenlieferungen an Nazi-Deutschland die Schweiz vor einem Angriff verschont hätten; jedenfalls war die intakte Gotthardlinie für Transporte von und nach Italien wichtig. Auf Kritik stieß später die restriktive Flüchtlingspolitik: Zeitweise wurden Hilfesuchende zurückgewiesen, die offensichtlich an Leib und Leben gefährdet waren.

Im Bundesrat neigten einzelne Mitglieder zu ständestaatlich-korporativem Gedankengut oder zeigten sich faschistischen Bewegungen gegenüber offen. Nach dem Fall Frankreichs rief der freisinnige Bundesrat Marcel Pilet-Golaz in einer nicht nur dem Wortschatz nach zwiespältigen Radiorede das Volk auf, „der Regierung zu folgen als einem sicheren und hingebenden Führer, der seine Entscheidungen nicht immer wird erklären, erläutern und begründen können". Pilet-Golaz empfing Vertreter der Schweizer Faschisten und erweckte den Eindruck, eine Neuordnung nach nationalsozialistischem Vorbild stehe zur Diskussion. Ähnlich tönte es auch auf Versammlungen bekannter Industriegesellschaften. Die meisten Parteien und die kritische Presse reagierten heftig; um sie zu beruhigen, verbot der Bundesrat die nazifreundliche ‚Nationale Bewegung', zugleich aber auch die Kommunistische Partei. General Guisan hingegen lebt im Volksbewußtsein als Organisator des

‚Rütli-Rapports' weiter: An historischer Stätte versammelte er am 25. Juli 1940 einen großen Teil der höheren Offiziere und rief zu unverminderter Verteidigungsbereitschaft auf. Im Landvolk wie auch unter den Schweizer Arbeitern war die Abwehrbereitschaft kaum bestritten. Die Frauen hatten oft die mobilisierten Männer am Arbeitsplatz zu ersetzen, 20 000 meldeten sich freiwillig zum militärischen Hilfsdienst; doch das Frauenstimmrecht konnte erst ein Vierteljahrhundert nach Kriegsende eingeführt werden.

## *Hoher Eintrittspreis*

Ziel der militärischen Landesverteidigung blieb bis heute der ‚hohe Eintrittspreis' für einen möglichen Angreifer – an Sieg im traditionellen Sinne ist kaum mehr zu denken. Umstritten war in den sechziger Jahren die Frage der Atombewaffnung. Sprecher der Armee bezeichneten Atomwaffen auch für die Schweiz als wünschbar. Atomwaffengegner – von Rechtskreisen als Verräter verschrien – lancierten eine Initiative für ein verfassungsmäßiges Atomwaffenverbot. Das Volksbegehren unterlag 1962 einer Zweidrittelsmehrheit, wobei in der französischen und italienischen Schweiz die Ja-Stimmen für das Verbot überwogen. Im folgenden Jahr unterzeichnete der Bundesrat einen internationalen Verzicht auf Atomwaffenversuche, 1969 dann den Atomsperrvertrag, welcher der Schweiz dieselbe Pflicht auferlegte, die das Volksbegehren vorgesehen hatte. Seit den sechziger Jahren wurde die militärische Landesverteidigung wiederholt in Frage gestellt; die Zahl der gesellschaftskritischen Militärdienstverweigerungen nahm zu. Eine Initiative für ein Waffenausfuhrverbot erzielte mit 49,7 Prozent der Stimmen mehr als einen Achtungserfolg. Das Stimmvolk lehnte jedoch einen Zivildienst ab. Heute noch verurteilen Militärgerichte die Wehrdienstverweigerer zu schweren Gefängnisstrafen.

Der junge Schweizer erhält seine militärische Grundausbildung in einer 17wöchigen Rekrutenschule und rückt dann als

21–32jähriger im ‚Auszug' achtmal zu dreiwöchigen Wiederholungskursen ein, in der Landwehr (für 33–42jährige) zu drei zweiwöchigen Kursen, und schließlich im Landsturmalter (43–50jährige) noch zu zwei weiteren Dienstwochen. An regelmäßigen Inspektionen muß er den guten Zustand von Uniform und Waffen nachweisen, zusätzlich hat er außer Dienst 22 Mal ein Schießprogramm zu absolvieren. So macht die gesamte Dienstzeit ziemlich genau ein Jahr aus. Wer Unteroffizier oder Offizier werden will, hat ebenfalls mit der Rekrutenschule zu beginnen, muß jedoch weitere militärische Schulen besuchen und jeweils den ‚Grad abverdienen'. Jeder Grad will verdient und abverdient sein. Ein Hauptmann verbringt rund drei Jahre in Uniform, ein Oberst über vier Jahre – nicht eingerechnet die außerdienstlichen Arbeiten für das Militär.

Ein neues Planungskonzept ‚Armee 95' bleibt grundsätzlich bei diesen Regeln, will jedoch den Sollbestand von 550 000 auf 450 000 Mann kürzen, die Soldaten mit 42 statt 50 Jahren (Offiziere mit 50 statt 55) aus der Armee entlassen, ohne die gesamte Militärzeit zu verkürzen und die Kampfkraft zu schwächen. Dabei ist vermehrt der Einsatz schneller mechanisierter Brigaden vorgesehen.

Immer mehr, besonders nach der Armeeabstimmung von 1989, wird jedoch erkannt, daß die militärische Landesverteidigung im Rahmen einer umfassenden Sicherheitspolitik zusammen mit Konflikt- und Friedensforschung zu planen ist. Zeitweise waren Armee und Verteidigung fast zum Selbstzweck geworden, wie der Schriftsteller Hugo Lötscher schon 1975 schrieb: „Vor lauter Verteidigung wurde diese Verteidigung ein Selbstzweck, und die Frage nach dem, was verteidigt werden sollte, stellte sich schon gar nicht mehr. Man war mit der kontinuierlichen Schaffung eines Feindbildes beschäftigt, und zwar nicht nur mit einem Feind von außen, sondern auch von innen, und gerade mit ihm."

## Polizei- und Schnüffelstaat

Der eidgenössische Drogenfahnder Jacques-André Kaeslin, Beamter bei der Bundesanwaltschaft in Bern, verfaßte im September 1988 eine Aktennotiz von politischer Sprengkraft. Kaeslin hatte den Kampf des Tessiner Staatsanwalts Dick Marty gegen die internationale Drogenmafia mitverfolgt und war dabei auf die Zürcher Geldhandelsfirma Shakarchi Trading AG aufmerksam geworden: Berichte der amerikanischen Drogenpolizei verdächtigten die Firma, die Herkunft von Narkodollars zu vertuschen und die reingewaschenen Drogenmillionen in den normalen Umlauf zu schleusen. Kaeslin wandte sich mehrmals an seinen Vorgesetzten, Bundesanwalt Rudolf Gerber, der ihn jedesmal abwies, unter dem Vorwand der Arbeitsüberlastung, außerdem war Geldwäscherei nach schweizerischem Recht kein Delikt.

Vizepräsident der Shakarchi AG war der Zürcher Geschäftsanwalt und Oberst Hans W. Kopp: niemand anderer als der Ehemann der höchsten Drogenfahnderin, der Justiz- und Polizeiministerin Elisabeth Kopp, die 1984 als erste Frau der Schweizer Geschichte in die Bundesregierung eingetreten war. Kaeslin bat – unter dem Siegel der Verschwiegenheit – zwei Hausjuristen des Departements um Rat, darunter eine Frau. Diese informierte ihre Freundin: So erfuhr die Bundesrätin Elisabeth Kopp vom Verdacht gegen eine der Firmen ihres Mannes und informierte ihn. Kopp trat aus der Shakarchi-Leitung zurück. Als der Handel herauskam, mußte seine Frau unter dem Druck der Öffentlichkeit ihr Regierungsamt aufgeben. Doch für einen Schlag gegen die vermutete Drogenmafia war es zu spät.

Bundesanwaltschaft und Bundespolizei hatten versagt – Bundesanwalt Rudolf Gerber wurde vorzeitig in Pension, Polizeichef Peter Huber vorerst in Urlaub geschickt. Eine parlamentarische Untersuchungskommission fand den Grund für das Versagen im Kampf gegen die Drogen: Die zuständigen Behörden konzentrierten sich weniger auf den Kampf gegen die Drogen – sie entwickelten vielmehr eine unvorstellbare Spitzel- und Schnüffeltätigkeit in Stasi-Manier. Seit dem Kalten Krieg hatte die Bundespolizei ohne Rechtsgrundlage 900 000 Dossiers über Verdächtige angelegt, Kantone und größere Gemeinden ihrerseits Zehntausende. Der militärische Geheimdienst betrieb entgegen seinen Kompetenzen Spionage gegen Schweizer im Inland; er schuf nicht nur schwarze Listen von verdächtigen Offizieren und Soldaten, die im Kriegsfall in Lager eingeliefert werden sollten, sondern versuchte über Spitzel auch die Meinungen einer Journalistengewerkschaft zu erkunden.

Wer von seinen demokratischen Rechten Gebrauch machte und bei einer Gemeinde- oder Studentenversammlung kritisch das Wort ergriff, wurde geflissentlich notiert, wer in einen Oststaat reiste, dauernd überwacht, auch unter Verletzung des Post- und Telephongeheimnisses; und oft informierte die politische Polizei heimlich Arbeitgeber über Umtriebe ihrer Angestellten. Im Land der Minderheiten kümmerten sich staatlich approbierte Hexenjäger um Angehörige von Minderheiten – ohne Rücksicht auf das Recht auf eine persönliche Sphäre. Geheime, oft unzutreffende Angaben der Spitzel entschieden – ohne Kenntnis der Betroffenen – über Stellenbewerbungen, zivile und militärische Karrieren. Immer neue Karteien und Dateien kamen 1990 zum Vorschein: Die freie Schweiz war zum Polizei- und Überwachungsstaat geworden. Laut dem sozialdemokratischen Berner Großrat und Offizier Rudolf Strahm, Präsident des Touristenvereins ‚Die Naturfreunde' und beliebtes Beobachtungsobjekt, hatte die Überwachung ein politisches Ziel: mit Verdächtigungen und Denunziationen wollte sie die Macht der Mächtigen sichern und vor jeder Veränderung abschotten. Das Land erlebte eine schwere Vertrauenskrise, manche sprachen von einer Staatskrise. Der Publizist Hans Tschäni, ein bekannter Verfasser staatskundlicher Werke, erklärte, der schweizerische Freiheitsbegriff meine „vor allem die Freiheit des Staates. Individualfreiheit und Persönlichkeitsschutz werden ihr konstant untergeordnet". Aus diesem Grund sei das Schweizer Staatssystem „in seinem Wesen oppositionsfeindlich und für kritische Geister grundsätzlich unbefriedigend". Tschäni war über die Entdeckung der Karteien „weniger erstaunt als erfreut", weil nun die Chance da sei, „die Ställe auszumisten. Die Möglichkeit dazu, den Staatsschutz, den wir zweifellos auch außerhalb des Krieges zum Schutz gegen Terrorismus, Gewaltverbrechen oder Politanschläge brauchen, auf eine neue Basis zu stellen."

Auf Kosten des Bundes, jedoch außerhalb von Legalität und parlamentarischer Kontrolle, hatten Militärs im Laufe der Jahre auch eine geheime Privatarmee aufgebaut, die im Fall einer kommunistischen Besetzung oder eines Umsturzes von links aktiv werden sollte. Offenbar gab es Verbindungen zur Nato-Guerillatruppe, die ganz Europa wie ein Spinnennetz überzog. Außerdem überwachte die Armee ihre Angehörigen und andere Staatsbürger mit einem eigenen Spitzelsystem.

Zahlreiche Schriftsteller, darunter Max Frisch, protestierten – wie einst Dissidenten im Osten – gegen den Schnüffelstaat. Mit dem Hinweis auf die siebenhundertjährige Existenz der Eidgenossenschaft kommentierte der Journalist Oskar Reck, ehemals Chefredakteur der liberalkonservativen *Basler Nachrichten* und Präsident der Neuen Helvetischen Gesellschaft: „Es wird immer unwahrscheinlicher, die 700-Jahr-Feier von 1991 noch würdig und mit Zuversicht begehen zu können. Denn die in unserem Land bloßgelegten Zustände machen eine schwer darniederliegende Demokratie sichtbar. Zu feiern gäbe es im Grunde sehr wenig, zu verändern sehr viel."

# 6. Wirtschaftswunder mit Problemen

21. Februar 1987: Tessiner Polizeiinspektoren gehen auf einem Parkplatz bei Bellinzona zu einem türkischen LKW mit ‚TIR'-Kennzeichen. Die Beamten scheinen zu wissen, welcher Fund sie erwartet. Sie fordern die Begleiter des Transports auf, die Versiegelung aufzusprengen und finden 80 Kilo Morphium und 20 Kilo reines Heroin.

Die Ladung gehört dem türkischen Staatsangehörigen Haci Mirza, der sich seit 1979 in Zürich niedergelassen hat, offiziell als Grapefruit-Importeur. Er handelt aber auch mit Devisen und Gold. Der Transport ist auf der Route Istanbul–Sofia in die Schweiz gelangt. Bulgarische Geheimdienstler haben ihn in Sofia plombiert und mit offiziellen Papieren versehen: Er hätte in Lugano an die italienische Drogenmafia abgeliefert werden sollen. Doch ein Verbündeter der Polizei hatte sich in den Drogenring eingeschlichen und den Ablauf im voraus gemeldet.

## *Pizza- und Libanon-Connection*

Eine zweite Gruppe der Tessiner Polizei, unterstützt von der US-Drogenpolizei, stellte fast gleichzeitig im Hotel Excelsior in Lugano eine Falle: Sie verhaftete Haci Mirza und zwei Mafiosi aus der Lombardei. Einer davon hatte die Telephonnummer, die auf zwei libanesische Finanzleute, die Gebrüder Magharian, wies. Ein internationaler Ring von türkisch-libanesischen Drogenhändlern mit guten Beziehungen zu schweizerischen Großbanken, die Libanon Connection, war aufgeflogen. Zwei Jahre zuvor hatte man im Tessin die Pizza-Connection entdeckt.

Wie funktionierte das Geschäft? Ein türkischer Devisenschmuggler namens Mehmet Yildirim schickte den Gebrüdern Magharian bis zu 15 Millionen Franken pro Tag aus Istanbul in die Schweiz. In drei Jahren wechselten die Magharians über zwei Milliarden Franken. Mit Ausnahme von 36 Millionen Kokain-Dollar aus den USA stammten die Gelder aus der Türkei. Zu Paketen geschnürt wurden sie über Sofia per Flugzeug nach Zürich transportiert. Türkische und libanesische Händler kauften dafür Gold und verfrachteten es auf demselben Weg über Sofia nach Istanbul – wobei sie türkische Einfuhrkontrollen umgingen; frisierte Rechnungen ermöglichten den Zollbetrug. Die Achse Istanbul–Sofia–Zürich diente auch dem Handel mit Heroin und Waffen.

Überall war Geldwäscherei mit im Spiel, über die der Journalist Beat Allenbach im *Tages-Anzeiger* schrieb: „Angewiesen auf die Geldwäscherei sind Verbrechensorganisationen, bei denen aus den Bereichen Drogenhandel, illegaler Waffenhandel, Prostitution und Spielhöllen riesige Summen zusammenfließen. Geldwaschen bedeutet, mittels mehrerer Operationen die Spuren der verbrecherischen Herkunft der Gelder zu verwischen. Die einfachste Form besteht darin, Banknoten in eine andere Währung zu wechseln. Ist das Geld einmal auf einem Bankkonto und wird es auf ein anderes Konto überwiesen, oft in einem andern Land, kann es problemlos investiert werden – in Liegenschaften, aber auch in Rauschgift."

Der Genfer Soziologieprofessor und Nationalrat Jean Ziegler, bekannt für seine provokatorischen Bücher gegen die Schweizer Hochfinanz, publizierte in Paris flugs ein weiteres Werk mit dem (französischen) Titel: *Die Schweiz wäscht weißer.* Ziegler und sein Buch wurden prompt ausgebuht; im Bundesparlament hagelte es Proteste gegen den ‚Nestbeschmutzer', doch die Folge war, daß die eidgenössischen Räte das Strafgesetzbuch mit zwei neuen Artikeln gegen Geldwäscherei ergänzten. „Ein großer Schritt vorwärts", kommentierte 1990 der ehemalige Tessiner Staatsanwalt Paolo Bernasconi, der 1985 als erster eine Gruppe von Geldwäschern vor Gericht gebracht und die Öffentlichkeit auf Gesetzeslücken aufmerksam gemacht hatte. Drogenhändler und andere internationale Verbrecherbanden sollen künftig ihre Erlöse in der Schweiz nicht mehr so leicht der Justiz entziehen können. Es wird schwieriger, Gelder in andere Währungen zu wechseln und durch Verschieben über Bankkonten die Spuren der kriminellen Herkunft zu verwischen. Die Mitgliedstaaten der Europäischen Gemeinschaft beschlossen ebenfalls Richtlinien für den Kampf gegen Geldwäscherei. Vom freien Kapitalverkehr zwischen den EG-Staaten sollte nicht in erster Linie die Unterwelt profitieren.

### Wirtschafts- und Bankenskandale

Auch im Zusammenhang mit den Fluchtgeldern von Diktatoren kamen Schweizer Banken ins Zwielicht. „Helvetia ist im Zweifelsfall zu allem bereit", höhnte das Magazin *Bilanz:* „Fast bei jedem Wirtschaftsskandal, der irgendwo auf der Welt passiert, lassen sich Spuren in die Schweiz verfolgen."
Die Liste der Wirtschafts- und Bankenskandale ist lang:
– 1977 hatte ein Bankenskandal den Finanzplatz Schweiz erschüttert: Der Filialleiter der Schweizerischen Kreditanstalt (SKA) in Chiasso hatte seine Geschäfte nicht nur mit der erwünschten Aggressivität betrieben, sondern war auch vor kriminellen Machenschaften nicht zurückgeschreckt. Die Bank verlor 1,2 Milliarden und etwas von ihrem guten Ruf.
– 1979 wurde auf Weisung der eidgenössischen Bankenkommission die Bank Weißkredit in Lugano geschlossen; die Leiter kamen vor Gericht: Sie hatten sich wegen gewerbsmäßigen Betrugs – Schadensumme: 223 Millionen Franken – zu verantworten.
– 1980 wurden 18 Banken geschädigt, als der Waadtländer Industrielle Eli Pinkas mit gefälschten Unterlagen Kredite von rund 200 Millionen Franken ergatterte.
– 1981 wurden zwei Bankiers (von der Bank Leu und der Gotthard Bank) in Rom verhaftet und zu Freiheitsstrafen verurteilt. Sie waren der Beihilfe zum verbotenen Kapitalexport beschuldigt – nach schweizerischem Recht kein Delikt.

– 1983 kam es zu ernsten Spannungen zwischen der Schweiz und den USA, die ein Rechtshilfegesuch gegen den Financier Marc Rich gestellt hatten. Rich, laut New Yorks Staatsanwalt „der größte Steuerbetrüger der US-Geschichte", in Zug (Schweiz) jedoch ein Ehrenmann, war zur Buße von täglich 50 000 Dollar verurteilt worden; damit sollte er zur Herausgabe von Dokumenten gezwungen werden. Die Schweiz lieferte Rich jedoch nicht aus.

– 1985 brach die Genfer Privatbank Leclerc & Cie zusammen: Fehlbetrag in der Bilanz: rund 400 Millionen Franken.

– 1986 suchte die Basler Staatsanwaltschaft den Financier André Plumey, der Kleinsparer um mindestens 300 Millionen Franken betrogen hatte.

– 1987 wurden die beiden Hauptangeklagten der Pizza-Connection in New York zu 45 Jahren Gefängnis verurteilt: Sie hatten 700 Kilo Heroin im Gesamtwert von 1,6 Milliarden Dollar vertrieben; mindestens 60 Millionen davon liefen durch den ‚Waschsalon Schweiz'. Bereits 1985 waren im Fall Pizza-Connection in Lugano hohe Zuchthausstrafen ausgesprochen worden. Auch beim Iran-Contra-Skandal (das ‚Irangate', mit Oliver North) waren Schweizer Banken im Spiel.

– 1988 half die Firma Consen aus Zug Argentinien, ein internationales Embargo zu umgehen und heimlich die Mittelstreckenrakete Condor II zu bauen: da Deutschland an Länder der Dritten Welt keine ballistische Technologie liefern darf, ging die Lieferung über die Schweiz. Eine andere Schweizer Firma half Wiener Münzhändlern beim größten Steuerbetrug Österreichs (Beute rund 150 Millionen Franken).

– Seit 1989 dauern Rechtshändel um die Fluchtgelder des gestürzten philippinischen Diktators Marcos an, laut *Business Week* rund 1,25 Milliarden Dollar. Die Schweiz steht im Geruch, auch als Schatzkammer für Gelder anderer Diktatoren zu dienen oder gedient zu haben. Genannt werden Schah Reza Pahlevi, der nicaraguanische Diktator Somoza, der haitianische Diktator Duvalier, der äthiopische Kaiser Haile Selassie, der zentralafrikanische Kaiser Bokassa oder Zaire-Präsident Mobutu (der eine Luxusvilla bei Lausanne besitzt und rund vier Milliarden Dollar gehortet haben soll), aber auch Honekker und Ceausescu.

*Umstrittenes Bankgeheimnis*

In vielen Fällen berief man sich auf das legendäre Bankgeheimnis: Der Bankier untersteht nach dem schweizerischen Bankengesetz der Schweigepflicht. Ursprünglich hatte es einen humanitären Aspekt: 1934 wurde das Bankengesetz ergänzt, um die von Hitler-Deutschland aus betriebene Fahndung nach jüdischen Guthaben zu erschweren. Seit 1983 ist aber ein Bundesgesetz über internationale Rechtshilfe in Kraft: Banken müssen mit Dokumenten herausrücken, falls eine ausländische Behörde Delikte im Zusammenhang mit Finanztransaktionen vermutet. 1990 wurden die Bestimmungen verschärft. Der Zürcher Untersuchungsrichter Peter Cosandey klagte: „Wir gelten als eine Nation von Hehlern."

Die föderalistische Struktur der Schweiz behindert die Rechtshilfeverfahren und den Kampf gegen Wirtschaftskriminalität, für den die Kantone zuständig sind. Und die kleinen Kantone sind nicht immer genügend ausgerüstet. So hat der Zuger Experte für Wirtschaftsaufsicht 9700 Aktiengesellschaften – meist Briefkastenfirmen – zu betreuen, sein Kollege aus Glarus 2300. Der Glarner Polizeidirektor Emil Fischli meint: „Bei der Verfolgung von Wirtschaftskriminellen sind wir in einer ungünstigen Lage, weil wir bei der Polizei niemanden haben, der sich mit solchen Fragen befassen kann." Er möchte „nicht die Hand ins Feuer legen, daß hier bei uns alle Gesellschaften so lupenrein sind", und würde die Einrichtung einer zentralen Hilfsgruppe des Bundes begrüßen.

Der Kanton Tessin als drittgrößter helvetischer Finanzplatz (ein Bankschalter auf 400 Einwohner, Genf: 1:800, Zürich 1:1000) beherrscht die Lage nicht mehr. Die Kundschaft besteht hier zu einem großen Teil aus Ausländern mit Wohnsitz im Ausland, die auf krummen Wegen erworbenes Geld investieren. Die Bankkontakte bleiben diskret. Ein Gewährsmann meint: „Der Kunde im benachbarten Ausland will keine telephonischen Kontakte mit dem Geldinstitut; er wünscht nicht, die Post von der Bank nach Hause geschickt zu bekommen und verzichtet so von sich aus auf eine genaue Kontrolle."

1977 unterzogen sich die Banken einer „Vereinbarung über Sorgfaltspflicht bei der Entgegennahme von Geldern und die Handhabung des Bankgeheimnisses", die allerdings noch einige Schlupflöcher aufwies. Mehrmals lenkten Banken von sich aus ein (besonders wenn eine peinliche Entlarvung drohte): So meldete die Schweizerische Kreditanstalt einen geplanten Transfer von 200 Marcos-Dollarmillionen im Jahr 1986. 1990 gab sie auch bekannt, daß sich auf ihren Konten „keine Vermögenswerte von Nicolae Ceausescu und seiner Frau befinden". Der Schweizerische Bankverein kündigte 1988 von sich aus ein Konto des Panama-Diktators Antonio Noriega. Die Zürcher *Weltwoche* meinte: „Aufgepaßt, Ihr Herren Mobutu, Suharto oder Pinochet: Ihre Fluchtgelder sind in der Schweiz nicht mehr sicher. Zwar hat die Schweiz bis heute keinen Rappen herausgerückt. Doch neuerdings leistet sie Rechtshilfe – bald werden die Banken nicht nur ihre Unterlagen, sondern auch ihre Millionen ausliefern müssen."

Wer diesen Optimismus nicht ganz teilen mag, darf immerhin feststellen: die Schweiz lebt ganz gewiß nicht nur von Fluchtgeldern und Finanzbetrügen. Und andere Länder haben ebenfalls ihre Skandale. Doch der Theologe Hans Küng klagt nicht zu Unrecht über „schamlose Bereicherungssucht": In der Schweiz seien „heute Dinge möglich, die man noch vor wenigen Jahren für undenkbar gehalten hat".

### *Kein Erdöl, dafür Ideen*

Die Schweiz hat weder Erdöl noch Eisen, weder Kohle noch andere Rohstoffe (sieht man ab von den Salzlagern in Bex und Schweizerhalle, die heute der chemischen Industrie dienen, und von der ‚weißen Kohle' der Wasserkraftwerke). Ihr Boden ist karg; so war sie jahrhundertelang ein Auswande-

*Velogemel (Schneevelo) in Grindelwald/Berner Oberland. Hunderte von Exemplaren dieses Gefährts sind heute noch in diesem bekannten Wintersportort im Einsatz. Auch dem Postboten leistet der Velogemel gute Dienste*

rungsland; doch die Industrialisierung verwandelte sie in eines der reichsten Länder der Welt; sie ist sogar Einwanderungsland geworden. Um einen französischen Slogan zu adaptieren: sie hat „zwar kein Erdöl, aber Ideen".

Das Land importiert Rohstoffe und Halbfabrikate und exportiert Fertigprodukte: Die Arbeit ist somit wichtiger Produktionsfaktor. Doch nicht die Exportindustrie allein schafft den Wohlstand: Die Schweiz bezieht mehr Waren aus dem Ausland, als sie dorthin verkauft; ihre Handelsbilanz ist passiv (defizitär) – und doch prosperiert sie, „als einziges Land in diesem Fall", wie der französische Soziologe und Académicien André Siegfried erklärte, der vor zwei Jahrzehnten in der Schweiz „das Weiterleben eines goldenen Zeitalters" bewunderte. Das Defizit wird normalerweise wettgemacht durch den Überschuß bei den Dienstleistungen: Der Fremdenverkehr bringt den Ertrag aus dem Aufenthalt ausländischer Gäste in der Schweiz; Banken und Versicherungen kassieren für Geldanlagen auch im Ausland. Und sie lohnen sich: Die Schweizerische Kreditanstalt vergrößerte 1989 ihren Reingewinn gegenüber dem Vorjahr um 21 Prozent; die beiden anderen Großbanken mit Bilanzsummen von über 100 Milliarden Franken verzeichneten ähnliche Rekordabschlüsse.

Seit dem 16. Jahrhundert hatte sich die Textilindustrie entwickelt, doch noch im 18. Jahrhundert lebten 90 Prozent der Schweizer von der Landwirtschaft. Eingewanderte Hugenotten aus Frankreich brachten im 16. und 17. Jahrhundert neue Verarbeitungsformen. Von Genf aus verbreiteten sich die Indienne-Industrie und die Uhrmacherei. Die industrielle Revolution brachte mit Maschinen und Fabriken eine Konzentration der Produktion in den Städten; neu entstanden die Maschinen- und chemische Industrie.

Die Schweiz war vom Dreißigjährigen Krieg verschont geblieben; im Schutze der Neutralität konnten – ähnlich wie in späteren Kriegen – Bauern und Handwerker ihre Produkte zu hohen Preisen ins Ausland exportieren. Der Absolutismus der Nachbarstaaten spiegelte sich in den Republiken der Schweiz wider; das Volk verlor besonders in den Städten die meisten Rechte und Freiheiten an kleine Oligarchien, die sich von Gottes Gnaden als Regenten eingesetzt sahen. Die alte Ordnung brach in der Revolution zusammen; bald wurde die Wirtschaft zur Vormacht.

Durch die industrielle Expansion wurde die Schweiz schon um 1830 zum Land, das pro Kopf wertmäßig am meisten exportierte: doppelt so viel wie Großbritannien, dreimal so viel wie Belgien und die Niederlande, fünfmal so viel wie Frankreich. Der Binnenmarkt war eng, der Güteraustausch durch kantonale Zölle, unterschiedliche Währungen und ungleiche Maße und Gewichte gestört. Wer Waren von St. Gallen nach Genf liefern wollte, benutzte den durch weniger Zollschranken behinderten Umweg über Deutschland und Frankreich.

Die Schweiz war kein einheitlicher Wirtschaftsraum. Zur wirtschaftlichen Integration des Landes kam es erst mit der Bundesverfassung von 1848.

### *Hexenwerk* aus dem Hochjura

Besuche im Uhrmachermuseum La Chaux-de-Fonds oder im Historischen Museum Neuenburg gewähren uns Einblick in die Entwicklung der Uhrmacherei, der Leitindustrie der Westschweiz. In Neuenburg sitzt eine junge Dame am Spinett und bewegt mit zierlichen Fingern die Tasten zum Spiel. Ein Bübchen am Schreibtisch taucht seinen Gänsekiel in ein Tintenfaß und schreibt Sätze mit bis zu vierzig Buchstaben. Sein Brüderchen glänzt als Zeichner: Mit sicherer Hand skizziert es Porträts von Ludwig XVI. und dessen Gemahlin Marie Antoinette; es zeichnet einen Pudel und schreibt dazu in wohlgeformten Buchstaben „Mon toutou" (mein Wauwau).

Die drei ‚Androiden' – menschenähnliche Automaten – gehören zu den bekanntesten Werken des Neuenburger Uhrmachers und Erfinders Pierre Jaquet-Droz (1721–1790), dessen Werke zu Lebzeiten am Kaiserhof von Peking sowie an den Höfen von Madrid, Versailles und London bewundert wurden. Daß die spielenden Figuren nicht selbständig handeln, entdeckt man spätestens, wenn man ihnen den Rücken entblößt: Da surren die Rädchen, und wunderliche Hebel und Platten bewegen sich. Die Menschen des 18. Jahrhunderts müssen sich jedoch über die Gestalten mehr verwundert haben als heutige Menschen über Computer und Roboter. Die Geschichte weiß von einem Mißgeschick des kleinen Zeichners am Hof von Versailles zu berichten. Ein Begleiter des Erfinders Jaquet-Droz hatte der erwartungsvollen Königin Marie-Antoinette und ihren Hofdamen angekündigt, der kleine Künstler werde nun das Bild des Königs entwerfen. Dabei hatte er jedoch den Automaten falsch eingestellt: Das Knäblein zeichnete den Pudel. In Spanien wäre das Zauberwerk seinem Schöpfer fast zum Verhängnis geworden. Auf der Reise zum

Hof verbeugten sich Gläubige vor den Wunderwerken und beteten die beweglichen Püppchen als göttliche Erscheinungen an. Der Großinquisitor wollte den ‚Hexenmeister' zum Tod auf dem Scheiterhaufen verurteilen, und nur königliche Huld vermochte den Besucher aus Neuenburg zu retten. Die Reise nach Spanien wurde doch noch zum Erfolg. „Die Majestät setzte die Uhrwerke selber über hundertmal in Bewegung und trug dabei ständig ein Lächeln auf dem Gesicht", schrieb Jaquet-Droz nach Hause. König Ferdinand kaufte einige Pendulen und machte Jaquet-Droz zum reichen Mann.

Noch heute bewundert man die Automaten, Musikdosen und Pendulen aus jener Zeit. An einer Uhr ertönt bei jedem Stundenschlag ein Glockenspiel, in Theaterlogen verneigen sich Püppchen; auf dem Giebel schlägt ein bunter Vogel die Flügel und schmettert ein Lied.

Die Wunderwerke regten Dichter an: Hans Christian Andersen schrieb bei einem Besuch im Neuenburger Hochjura das Märchen von der Schneekönigin und die Geschichte von der *Nattergallen,* der Nachtigall am chinesischen Kaiserhof: „Es war ein kleines Kunstwerk, das in einer Schachtel lag, eine künstliche Nachtigall, die der lebenden gleichen sollte, aber überall mit Diamanten und Saphiren besetzt war. Sobald man den Kunstvogel aufzog, konnte er eines von den Stücken singen, die der wirkliche sang, und dann ging der Schwanz auf und ab und glänzte von Silber und Gold."

## *Uhren, Textilien, Maschinen*

Luxusprodukte kennzeichnen noch heute die Schweizer Uhrenindustrie. Wenn die Juweliere und Uhrmacher zur Modeschau ‚Montres et Bijoux de Genève' einladen, glitzern und glänzen die raffiniertesten Luxusuhren der Welt von Gold, Brillanten und Rubinen; Diamanten funkeln und Perlen flimmern – Geschmeide für Feen und Märchenprinzessinnen.

Nur wenige Manufakturen schaffen die Uhr von Grund auf. Doch Firmen wie Patek Philippe in Genf gestalten sie immer noch mit viel Handarbeit, besetzen sie mit Edelsteinen, gravieren, prägen und emaillieren sie von Hand. Angestrebt wird ein Stil, der nie veraltet: Jede Uhr soll Menschenleben überdauern. Manche Markenuhren zeigen Sonnenlauf und Mondphasen, andere Zeitzonen und Schaltjahre; wer sie besitzt, trägt ein Abbild der Welt in der Tasche.

Die siebziger Jahre hatten der Uhrenindustrie gefährliche Wachstums- und Strukturprobleme beschert: Fabriken schlossen, Arbeiter wurden entlassen. Die Schweiz hatte die Konkurrenz von Japans Quarzuhren zu wenig ernst genommen. Immer noch ist sie aber das führende Uhrenexportland. Sie hat wertmäßig einen Weltmarktanteil von rund 50 Prozent, volumenmäßig von 15 Prozent. Heute könnte sie sich auf teure Uhren beschränken und tiefere Preisklassen den Fernostländern überlassen. Dies wäre jedoch nicht ungefährlich, da nur die Massenherstellung der Billiguhren erlaubt, auch für teure Uhren Bestandteile zu günstigen Preisen herzustellen. Der Uhrenmanager Nicolas Hayek warnt: „Die englischen Autohersteller haben keine großen Serien mehr produziert und damit die Basis für die teuren Wagen verloren." Ein Beispiel des Erfolgs ist die Billiguhr ‚Swatch' (Swiss Watch), die Uhren zu auswechselbaren Moderequisiten machte. In der Uhrenindustrie herrscht wieder eine optimistische Stimmung – die aber auch ihre Nachteile hat. So meint Roland Schild von der Genfer Schau ‚Montres et Bijoux': „Weil alles gut läuft, geht man keine Risiken ein."

Die Uhrmacherei ist besonders im Westschweizer Jura vertreten. Das Land der langen Winter – die Stadt La Chaux-de-Fonds liegt auf 1000 Metern Höhe – ist auch ein Land der Frühlingssehnsucht, der Träumer und Bastler (‚bricoleurs', wie man sie hier nennt). Die Uhrmacher sahen die Welt als Uhrwerk und ersannen libertär-sozialistische Gesellschaftssysteme. Die Arbeit am hellen Werkplatz erlaubte das Planen von Utopien. Der russische Fürst und Anarchist Peter Kropotkin berichtete nach einem Besuch in den Uhrenregionen: „Die Prinzipien der Gleichheit, die ich im Jura herrschend fand, die Unabhängigkeit im Denken und im Gedankenausdruck, wie sie sich nach meiner Wahrnehmung unter den dortigen Arbeitern entwickelte, und ihre grenzenlose Hingabe an die gemeinsame Sache machte auf meine Gefühle einen starken Eindruck." Bakunin verlangte hier eine „Organisation der Gesellschaft von unten nach oben über einen freien Zusammenschluß, nicht von oben herab über irgendeine Behörde" – wie sie ursprünglich in der Eidgenossenschaft vorgezeichnet war. Jurassische Uhrmacher kämpften gegen den autoritären Marxismus, und James Guillaume aus La Chaux-de-Fonds gründete 1872 in St. Imier gar eine ‚Antiautoritäre Internationale', deren Name bereits auf die Studentenrebellion vom Mai 68 hinwies.

In der Ostschweiz, im Aargau und in Zürich ist die Textil- und Maschinenindustrie zuhause. Spinn- und Webmaschinen veränderten hier den Fabrikationsprozeß; mechanische Produktion ersetzte die Heimarbeit auch in ländlichen Gebieten. Anfänglich brachten kleinere Unternehmer – Kaufleute, Müller, Wirte – das notwendige Startkapital auf, später konzentrierte sich das Kapital in wenigen Händen. Das aufsteigende Bürgertum, das Fabriken und Kapital besaß, sicherte sich in den Revolutionen von 1830 und 1848 zur wirtschaftlichen Macht auch die politische Herrschaft.

Wie in anderen Ländern waren die Arbeitsbedingungen – tägliche Arbeitszeit bis zu 16 und 18 Stunden, Kinderarbeit – brutal, auch wenn keine mit ausländischen Verhältnissen vergleichbaren Slums entstanden. Als 1858 die Kinderarbeit von 16 auf 12 Stunden beschränkt wurde, meinte die Schulbehörde einer Zürcher Gemeinde, hier gehe man zu weit; die Kinder seien bisher „nicht bloß gesund geblieben, sondern groß und stark geworden". Sie hätten „keine anstrengenden Verrichtungen zu machen, sondern müssen nur die Maschinen bedienen". Bei kürzerer Arbeitszeit „würde in der Nebenzeit nichts anderes getrieben als Muthwille".

Es kam zu Aufständen der Heimarbeiter gegen die Industrie. Eine wichtige Rolle in der Sozialpolitik spielten deutsche Handwerker- und Gesellenvereine; 1838 gründeten Appenzeller und Glarner in Genf den ‚Grütliverein' (Grütli ist eine andere Schreibweise für Rütli) mit dem Motto „Durch Bildung zur Freiheit", der zu einem Vorläufer der Sozialdemokratischen Partei werden sollte. Das erste Fabrikgesetz der Schweiz schuf der stark industrialisierte Bergkanton Glarus, 1877 wurde ein erstes eidgenössisches Fabrikgesetz angenommen. Bis zur Jahrhundertwende waren die wichtigsten Wirtschaftsvereinigungen der Arbeitgeber und Arbeitnehmer gegründet. Zu Beginn des 20. Jahrhunderts herrschte ein Klima des Klassenkampfs, das mit dem ‚Friedensabkommen' von 1937 gedämpft wurde: Arbeitnehmer und Arbeitgeber der Metall- und Uhrenindustrie verpflichteten sich, von Kampfmaßnahmen (Streiks, Aussperrungen) abzusehen und sich bei ergebnislosen Verhandlungen einem unabhängigen Schiedsgericht zu stellen.

### Krise, Krieg und Wirtschaftswunder

Die Weltwirtschaftskrise der dreißiger Jahre und die Katastrophe des Zweiten Weltkriegs stellten die makabren Startchancen für ein schweizerisches Wirtschaftswunder: Die Produktionsapparate der Nachbarländer waren 1945 – anders als in der Schweiz – weitgehend zerstört. Finanzplatz und Exportwirtschaft der Schweiz erhielten einmalige Möglichkeiten. Der Kleinstaat stieg zur 20. Industrie- und zur 12. Handelsnation sowie zum dritten Finanzplatz der Erde auf, wurde aber durch den Bedarf an Energie, Rohstoffen und Arbeitskräften extrem auslandabhängig. Das Wachstum war vor allem ein Breitenwachstum: Die Unternehmer erweiterten die Produktionsanlagen, anstatt sie zu erneuern; sie holten Ausländer ins Land, und die Behördenappelle zur Mäßigung fruchteten wenig. Erst der Erdölschock von 1973 bremste die überhitzte Konjunktur und führte vorübergehend in eine Krise. Das Wirtschaftswachstum verstärkte Ungleichheiten: Arbeiter- und Angestelltenlöhne stiegen – im Gegensatz zu den Unternehmensgewinnen – weniger rasch als der Pro-Kopf-Anteil des Bruttosozialprodukts.

Schweizer Arbeiter zählen jedoch zu den bestbezahlten aller Industrieländer. Seit der Unterzeichnung des Friedensabkommens sind Streiks selten: zwischen 1955 und 1985 zählte die Schweiz im Mittel 2 Streiktage auf 1000 Beschäftigte, gegen 30 in der BRD, 137 in Frankreich, 396 in den USA und 706 in Italien; Verhandlungen zwischen den Sozialpartnern brachten regelmäßige Lohnerhöhungen. Auch Gewerkschafter sehen im Arbeitsfrieden materielle Vorteile, fürchten aber, daß die Schweizer mit der Zeit den Kampf für ihre Interessen vergessen könnten. Die Rechte in den Unternehmen – Information, Mitbeteiligung, Mitbestimmung – sind wenig entwickelt. Trotzdem bekennt sich laut Umfragen nach wie vor eine Mehrheit zum Arbeitsfrieden: 1972 waren es 75 Prozent, 1987 noch 67 Prozent. Der Rückgang hängt möglicherweise damit zusammen, daß sich immer weniger Beschäftigte durch gewerkschaftliche Abmachungen verpflichtet fühlen. In den letzten Jahrzehnten verschob sich das Gewicht von der Industrie zu den Dienstleistungen; Angestellte von Banken, Handel und Versicherungen sind jedoch – im Gegensatz zu jenen in Chemie, Metall- und Uhrenindustrie – kaum gewerkschaftlich organisiert. Eine französische Studie über die Schweiz stellt fest: „Eine Verkäuferin in einem Warenhaus, die auf ihr Recht pocht, hat größere Chancen, ihre Stelle zu verlieren als in die Geschichte der Gewerkschaften einzugehen."

Arbeitslosigkeit ist allerdings kaum bekannt: 1987–1989 sank sie von 0,8 auf 0,6 Prozent (Mittel der OECD-Länder 7,25 Prozent!). 1988 waren 22 000 Personen arbeitslos gemeldet, doch 15 000 offene Stellen nicht besetzt. Zwar strömen viele Ausländer in die Schweiz, doch 1988 klagte fast jedes zweite Schweizer Unternehmen (47 Prozent) über Mangel an qualifiziertem Personal.

Das Paradies des stetig steigenden Bruttosozialprodukts mit dem weltweit höchsten Pro-Kopf-Einkommen birgt freilich auch seine Schattenseiten und Gefahren: Die Landschaft wird zersiedelt, die Umwelt zerstört. In der Nacht zum 31. Oktober 1986 vernichtete eine Feuersbrunst das Depot 956 der Chemiefirma Sandoz bei Schweizerhalle. 1250 Tonnen hochgifti-

*Hotel La Margna St. Moritz anno dazumal*

ger Stoffe, zumeist Pestizide, flossen in den nahen Rhein, töteten allein 190 Tonnen Aale und verschmutzten das Grundwasser am Oberrhein ...

Die Schweiz erlebte nach 1974 den weitaus heftigsten wirtschaftlichen Einbruch unter den Industrienationen, und nur die erzwungene Abwanderung bewahrte sie vor einem riesigen Arbeitslosenheer. Die drohende Arbeitslosigkeit wurde somit exportiert. Der Schriftsteller Max Frisch kommentierte: „Ein kleines Herrenvolk sieht sich in Gefahr: Man hat Arbeitskräfte gerufen, und es kommen Menschen." Und: „Das Problem der ausländischen Arbeitskräfte ist unlösbar, wenn wir uns der Einsicht verweigern, daß die Schweiz von morgen anders sein wird als die Schweiz von gestern. Schon die Schweiz von heute ist anders, als der Mythos wahrhaben will."

Neben den ausländischen Arbeitskräften gibt es eine Luxusklasse von Immigranten: die Schauspieler Charles Aznavour, Alain Delon, Peter Ustinov, Audrey Hepburn leben am Genfersee wie vor ihnen Charlie Chaplin, James Mason oder

David Niven, wie der Maler Kokoschka, wie die Sängerin Barbara Hendricks. Die Erfolgsschriftsteller Georges Simenon *(Maigret)* und Nabokov *(Lolita)* oder Han Suyin *(Alle Herrlichkeit auf Erden)* waren ihre Nachbarn wie König Fahd von Arabien, die italienische und rumänische Königsfamilie und die Familie Bonaparte, der Rennfahrer Alain Prost und der Skichampion Jean-Claude Killy: Die Ufer des Lac Léman erinnern an Hollywood. Weltstars wohnen auch in anderen Gegenden der Schweiz – oft wegen der günstigen Steuern. Im Kanton Genf ist der Andrang von Berühmtheiten derart groß, daß Nastassja Kinsky abgewiesen wurde; sie suchte sich ein Haus im Kanton Freiburg.

## *Hirtenvolk im Computerzeitalter*

Nur 6 Prozent der Bevölkerung sind in der Landwirtschaft tätig. Doch immer noch fühlen sich die Schweizer dem ursprünglichen ‚Volk der Hirten' nahe. Je weniger Bergbauern und Alpsennen das Land zählt, desto mehr Schweizer geben sich dem Jodeln, Fahnenschwingen und Alphornblasen hin. Auf nationalen Festen treffen sich Vereine mit Namen wie ‚Bärgfründe' (Bergfreunde), ‚Bärgfinkli' (Bergfinken), ‚Schwyzerhüsli', ‚Alpenrösli' oder ‚Echo vom Pilatus' (dem Luzerner Hausberg), auch Auslandschweizervereine aus New Berne oder New Glarus in den USA und Auckland bei den Antipoden. In Sälen und Turnhallen tönt es: „Ghörsch, wie d Tanne ruusche" (Hörst du, wie die Tannen rauschen?) und: „Es wär so schön uf derä Wält, gäb's nie Zank und Stryt – jolio duliu" (Es wär so schön auf dieser Welt, gäb es nie Zank und Streit) und immer wieder: „Juho, jolio!" Im Freien schwingen Fahnenschwinger im Solo und Duett: Die Seidenbanner flattern beim Beinüberwurf und Kopfüberzug, knistern beim Hüftwurf und rauschen schließlich zum jubelndhohen Aufwurf. Auf einem Hügel füllen Alphornbläser ihre Lungen und hoffen auf ein ‚gut' oder ‚sehr gut' der Kampfrichter.

Am Alphirtenfest 1805 in Unspunnen hatten nur zwei Alphornbläser teilgenommen; heute dagegen marschieren sie gleich kompanieweise an. Immer mehr Schweizermannen und -frauen verwandeln sich in der Freizeit in Fahnenschwinger, Alphornbläser, Jodler und Handörgeler. Immer häufiger wird gejauchzt, getutet und georgelt. Aus Widerstand gegen Technisierung, Motorisierung, Enthumanisierung? Aus Sehnsucht nach Ätti und Müetti (Väterchen und Mütterchen), Schätzli und Hüsli (Schätzchen und Häuschen)? Der bewährte Kampfrichter Ewald Muther aus Brig erklärt: „Das Jodellied gibt den modernen Menschen festen Boden unter den Füßen und bringt sie einander näher."

Die Jodelkunst geht auf den Kuhreihen (in den Alpen der französischen Schweiz: ‚Ranz des vaches') zurück, den Lock- und Segensruf der Sennen. Während Jahrhunderten galt der Kuhreihen als eine Art Nationalhymne, die heimwehkranke Soldaten in fremden Diensten zum Weinen, ja zum Desertieren brachte. „Das Lied wurde unter Todesstrafe untersagt, da es die Schweizer in Tränen zerfließen ließ", schrieb Jean-Jacques Rousseau 1767: „manche desertierten oder starben; so stark war das Verlangen, die Heimat wiederzusehen".

Schon vor ihm hatten Mediziner allen Ernstes festgestellt, der Kuhreihen sei Ursache der ‚Schweizer Krankheit' Heimweh oder Nostalgia (von griechisch nostos, Heimkehr, und algia, Schmerz). Doch trotz aller Warnungen verlangte man immer wieder nach dem Kuhreihen: er wurde vor den Königen in Paris und Potsdam gesungen, in Operetten und Opern (so ‚Wilhelm Tell' von André Grétry) übernommen; Friedrich Schiller erwähnte ihn mehrmals in seinem ‚Tell'-Drama; Haydn nahm ihn in seine ‚Jahreszeiten', Beethoven in die ‚Pastorale' auf, Wagner in ‚Tristan und Isolde', Berlioz in die ‚Symphonie fantastique', Robert Schumann in seinen ‚Manfred'. Er ertönte 1796 in der ersten in Amerika komponierten Oper, ‚The Archers or Mountaineers of Switzerland' von einem William Dunlop. Romantische Naturbegeisterung verhalf ihm überall zum Durchbruch. Von Wien aus trat die Kuhreihen-Oper ‚Die Schweizer Familie' einen Triumphzug an: sie wurde vor der Kaiserin Marie-Louise in Saint-Cloud aufgeführt, dann im Pariser Odéon-Theater, im Londoner Surrey Theatre (unter dem Titel: ‚Home, Sweet Home, or the Ranz des Vaches') und gleichzeitig im Opernhaus Covent Garden (unter dem Titel: ‚Home, Sweet Home, or the Swiss Family'. Giacomo Meyerbeer ließ den Kuhreihen mit ‚Piano, Harfe oder Gitarre' begleiten und von bretonischen Hirten singen. Adolphe Adam brachte ihn in der Oper ‚Le Châlet', die unter dem Titel ‚The Swiss Cottage' in London und vor Königin Victoria im Schloß Windsor aufgeführt wurde. 1911 komponierte der Wiener Wilhelm Kienzl die Oper ‚Der Kuhreigen' (mit dem Heimwehlied ‚Zu Straßburg auf der Schanz') – und immer wieder entlockt der Ranz des Vaches mit dem Refrain ‚Lioba, lioba' Tausenden Tränen, wenn er am großen Winzerfest von Vevey gesungen wird.

Wackere Hirten, saubere Häuschen, traute Heimatklänge gehören auch im Computerzeitalter zum Bild der Schweizer, die gerne in die Vergangenheit zurückblicken: Das ‚Dörfli' bildete den Mittelpunkt der Landausstellungen in Genf 1896 (hier mit Wasserfall, Kuhherde, Käserei und Kirche, und als Gegensatz dazu ein ‚Negerdorf' mit einem künstlichen See, in dem kleine Senegalesen vom Einbaum aus nach Münzen tauchten), in Bern 1914 und Zürich 1939. Erst in Lausanne 1964 versuchte man – mit geringerem Publikumserfolg – in die Zukunft zu blicken.

In einer Umfrage 1985 erklärten 95 Prozent der Schweizer, sie seien zufrieden, glücklich oder sehr glücklich, 88 Prozent waren mit der Arbeit zufrieden, 94 Prozent mit der Wohnung, 94 Prozent mit dem Gefühlsleben – und fragt man bei den Nachbarn nach dem Traumland außerhalb der Heimat, so sehen Franzosen, Deutsche, Italiener und Österreicher die Schweiz an erster Stelle. Leicht verwirrend in diesem paradiesischen Land sind nur die hohen Selbstmord- und Scheidungsraten. Auch wenn die Scheidungen zunehmen: 91 Prozent der Schweizer sehen die Familie als Grundzelle der Gesellschaft; die meisten betrachten nationale Feste und Embleme als etwas überholt, die Armee aber noch als notwendig; sie glauben an Gott, gehen aber kaum mehr in die Kirche.

Die Schweizer sehen sich nicht als verführerische Charmeure (nein: 71 Prozent); im Erfinden von Koseworten sind sie sparsam: die meisten flüstern ihrem Partner oder ihrer Partnerin ‚Schätzli' oder ‚Müüsli' ins Ohr, einige ‚Mitzi', ‚Häsli', ‚Spatz' oder ‚Schnuggiputzi' – die Welschen entsprechende Ausdrücke auf französisch. Manchmal geht die Liebe durch den Magen. Zwar hat die Schweiz den König aller Meisterköche: Frédy Girardet in Crissier bei Lausanne, doch die Schweizer sind mit leiblichen Genüssen eher bescheiden, auch wenn seit der Edelfreßwelle der Konsum von Brot und Kartoffeln zurückgeht. Deutschschweizer essen etwas mehr Wurst (Schüblig, Wienerli, Cervelat), Romands etwas mehr Poulet, Ragout und Braten. Lieblingskäse ist bei beiden der ‚Greyerzer', bei den Romands häufig auch Weichkäse wie Vacherin Mont d'Or oder Camembert. Bevorzugtes Getränk ist Rotwein, doch nur 30 Prozent der Romands und 15 Prozent der Deutschschweizer genießen ihn täglich. Bier ist fast ausschließlich Männersache.

Die Schweizer essen meist ein frugales ‚continental breakfast': Kaffee oder Tee mit Brot, Butter und Konfitüre – 40 Prozent der Männer und 25 Prozent der Frauen nehmen gar kein ‚Morgenessen' (Frühstück). Hauptmahlzeit ist das Mittagessen, in der Westschweiz eher das Abendessen; Großmutters Sonntagsbraten ist passé; er wird häufig durch einen ‚Brunch' (Frühstück und Mittagessen in einem) ersetzt. Die Schweizer sind nicht sehr prätentiös, wenn sie die Gerichte aufzählen, die sie der internationalen Gastronomie zurechnen möchten: an oberster Stelle stehen Fondue (aus Käse) und Rösti (Bratkartoffeln).

Der Durchschnittsschweizer ist heute 176,1 cm groß, vor einem Jahrhundert war er noch 14 cm kleiner. Männer sind mit 74 kg um 5 Kilo zu schwer; Frauen, rund 10 cm kleiner, nähern sich eher dem Idealgewicht. Braune Haare und braune Augen überwiegen, besonders in der Westschweiz, doch als ‚schön' empfinden die meisten blonde und blauäugige Menschen. Die Schweizer sind sauber: Jeder zweite nimmt täglich eine Dusche. Sie fühlen sich wohl; am meisten fürchten sie sich vor dem Krebs und sterben am häufigsten an Herzkrankheiten. 1987 hatten Männer eine Lebenserwartung von 73,8, Frauen von 80,5 Jahren. Der Unterschied in der Lebenserwartung von Mann und Frau wird größer: vor einem Jahrhundert 2,5 Jahre, heute fast 7. Wie in andern entwickelten Ländern droht Überalterung: 1960 zählte man vier Prämienzahler auf einen Rentner, für das Jahr 2000 rechnet man mit einem Verhältnis von 3:1, für 2040 gar 2:1. Steigen die Versicherungsprämien? Oder gleicht sich die Rechnung aus, weil die Investitionen für die Jugend sinken?

Die Kinderzahl geht zurück: 1900 lag sie pro Frau im gebärfähigen Alter bei 3,89, heute bei 1,55 – ähnlich tief wie in Deutschland. Sterben die Schweizer aus? Oder retten Einwanderer das Land vor dem Untergang?

## *Über eine Million Ausländer*

Die Bevölkerung – jahrhundertelang um eine Million – nahm im 19. Jahrhundert stark zu: von 1,7 Millionen im Jahr 1798 auf 2,4 im Jahr 1850. Vor dem Ersten Weltkrieg zählte sie 3,9 Millionen und wuchs bis Ende des Zweiten Weltkriegs kaum um eine halbe Million. 1989 zählte man 6,6 Millionen, davon über eine Million (15,6 Prozent, 1973: 17 Prozent) Ausländer: vor allem Italiener (39 Prozent), Spanier (11 Prozent), Jugoslawen, Deutsche (je 8 Prozent), Türken (6 Prozent), Franzosen und Portugiesen (je 5 Prozent). Nicht mitgezählt wurden dabei die rund 30 000 internationalen Funktionäre, die Saisonarbeiter und Asylbewerber und natürlich auch nicht die Eingebürgerten (rund 10 000 jährlich) oder die Grenzgänger (170 000) und vor allem nicht die im Mittel auf 150 000 geschätzten Schwarzarbeiter ohne Arbeitsbewilligung, die zum Teil in menschenunwürdigen Verhältnissen hausen müssen und schamlos ausgebeutet werden. Von den Ausländern waren 813 000 erwerbstätig.

Bereits um 1960 erhob sich Kritik an der liberalen Einwanderungspraxis, vorab unter den Arbeitern, die sich am unmittelbarsten betroffen fühlten. Gewerkschaften und später auch fremdenfeindliche politische Gruppen gaben ihrem Unmut Ausdruck, während Wirtschaftsvertreter bereits von einer künftigen Schweiz mit zehn Millionen Einwohnern sprachen. Eine Volksinitiative zur Beschränkung der Ausländerzahl wurde 1970 nur knapp verworfen; der Bundesrat beschränkte die Einwanderung. Wegen des starken Geburtenüberschusses stieg jedoch die ausländische Gesamtbevölkerung weiter an – bis zur Rezession von 1973. Spätere Initiativen scheiterten deutlich, bekämpft nicht nur von der Wirtschaft, die um ihre Arbeitskräfte bangte, sondern auch von humanitären Kreisen, die sich gegen die Entstehung eines sozial und rechtlich benachteiligten Unterproletariats richteten. Eine Initiative, die zahlreiche Diskriminierungen aufheben wollte, fand jedoch 1981 ebenfalls keine Gnade vor dem Souverän; danach verwarf das Volk auch ein etwas offeneres Ausländergesetz und neue Regeln für erleichterte Einbürgerung.

In der Rezession hatte die Zahl der ausländischen Arbeitskräfte abgenommen; 250000 Fremdarbeiter mußten innerhalb zweier Jahre die Schweiz verlassen oder wurden nicht mehr als Saisonarbeiter angestellt.

### *Nutzen oder Nachteil?*

Ohne den Beitrag der ausländischen Arbeitnehmer hätte die Schweiz kein derart hohes Wachstum verzeichnet, erklärt Klaus Hug vom Bundesamt für Industrie, Gewerbe und Arbeit (Biga). Nach Untersuchungen von Heinrich Schwarz (in einer Dissertation) und George Sheldon (in der Zeitschrift *Geld und Währung*, Zug, Dezember 1988) hat die starke Beschäftigung ausländischer Arbeitnehmer aber das Wachstum längst nicht in dem Maße beflügelt, wie meist angenommen wird.

Die meisten Ökonomen nehmen an, der Zustrom habe die Konjunktur günstig beeinflußt, da Ausländer für niedrigere Löhne arbeiteten und ein gesamtwirtschaftliches Wachstum angeregt hätten. Laut George Sheldon lag das Wirtschaftswachstum 1973–1984 in der Schweiz jährlich bei 0,4 Prozent, in der Bundesrepublik jedoch bei 1,7 Prozent! Schwarz sieht die schweizerische Wachstumsquote 1950–1980 um ein Viertel unter dem internationalen Durchschnitt. Er glaubt sogar, die Beschäftigung ausländischer Arbeitskräfte habe die wirtschaftliche Entwicklung eher gebremst als gefördert: Das Ausbildungsniveau der Fremdarbeiter liege tiefer; sie würden in strukturschwachen Branchen – Gastgewerbe, Bau, Textilwirtschaft – eingesetzt, die geringe Qualifikationen verlangten. Ohne einschneidende Maßnahmen seien aber diese Bereiche langfristig dem Untergang geweiht, und aus volkswirtschaftlicher Sicht erweise sich der Zuzug von Ausländern jedenfalls als Bumerang. Tatsächlich leiden die meisten Betriebe an einem Mangel an qualifizierten Arbeitskräften. So wirbt Klaus Hug für eine Weiterbildungsoffensive. In den nächsten Jahrzehnten bringt auch die drohende Überalterung neue Probleme. Der Biga-Statistiker Rudolf Müller schreibt in der Fachzeitschrift *Volkswirtschaft,* ältere Gesellschaften seien reicher an Erfahrung, sie bekundeten aber auch Mühe im Umgang mit Neuerungen. Die Trägheit der Innovation könne zur Gefahr werden.

Ausländer begehen anteilmäßig etwas häufiger Delikte, besonders Straftaten wie schwere Körperverletzung. Im März 1987 – bei einem Ausländeranteil von 15,6 Prozent der Bevölkerung – beherbergten die Gefängnisse 66 Prozent Schweizer und 34 Prozent Ausländer – von denen jedoch nur 16,1 Prozent in der Schweiz wohnten; 17,9 Prozent hatten ihr Domizil im Ausland: diese waren zum kleinsten Teil – 3,5 Prozent – Saisonarbeiter, Grenzgänger und Asylbewerber, vor allem aber Touristen, die mit Deliktsabsichten in die Schweiz einreisten. Wegen Mordes verurteilt wurden 1987 11 Ausländer (3 mit Domizil im Ausland) und 19 Schweizer, wegen schwerer Körperverletzung 14 (4) Ausländer und 22 Schweizer. Der Vorsteher des Gefängniswesens im Kanton Waadt weist darauf hin, daß Männer zwanzig Mal mehr Delikte begehen als Frauen und daß unter den einreisenden und in der Schweiz wohnenden Ausländern die gefährdeten Altersklassen, d. h. die Männer unter dreißig, viel stärker vertreten sind; oft komme es zu Streitigkeiten unter Jugoslawen oder Spaniern, die zu sechst in einem Zimmer hausen müßten. Geschlossene Strafanstalten hätten einen außerordentlich hohen Ausländeranteil (1987 Bochuz im Waadtland: 70 Prozent), auch deshalb, weil bei Häftlingen mit Familie im Ausland die Fluchtgefahr größer sei. Wahrscheinlich würden Ausländer bei gleichen Delikten eher angezeigt als Schweizer.

Der Zürcher Kriminologe Martin Killias, Professor an der Universität Lausanne, widerspricht dieser These. Recherchen aufgrund von Befragungen der Opfer zeigten: Delikte würden im großen und ganzen ohne Ansehen der Person des Täters angezeigt; sogar bei leichteren Delikten sei in dieser Hinsicht kein Unterschied zwischen ausländischen und einheimischen Tätern festzustellen.

Killias, der früher die Immigration befürwortete, ist heute skeptischer: „Die Einwanderung hat den Wirtschaftskreisen enormen Nutzen gebracht; die Bewohner der ärmeren Stadtviertel aber hatten die Nachteile zu ertragen." In einer Untersuchung kommt er zu dem Schluß: Junge Einwanderer der zweiten Generation werden häufiger straffällig als ihre älteren Landsleute oder ihre Schweizer Altersgenossen. Auch wenn sie sich gut integriert hätten, schienen sie mehr Schwierigkeiten zu haben. Die Probleme der Delinquenz von Ausländern seien jedoch in der Schweiz im Vergleich zu Ländern wie Frankreich oder England minimal.

Während manche Kritiker in der großen Zahl der Ausländer Ursachen für Wohnungskrise und steigende Umweltbelastung sehen, warnen andere vor Rückgang und Vergreisung der Bevölkerung für den Fall, daß die Ausländerzahlen zurückgehen.

## Asylland Schweiz

Neue Spannungen weckten die Asylbewerber. In den siebziger Jahren hatten jährlich rund 1000 Menschen um Asyl nachgesucht, 1989 waren es 40 000. Rechtsextreme Gruppierungen verübten Attentate, zum Teil mit rassistischem Anstrich, gegen Unterkünfte der Asylbewerber, humanitäre und kirchliche Organisationen kritisierten die Asylpraxis als unmenschlich.

Zwar hatte schon Zwingli 1524 seinen Mitbürgern gepredigt, „daß eure Freiheit von Gott nicht allein euch, sondern auch den Fremden zugedacht ist, damit diese unter eurem Schutz in der Freiheit sichere Zuflucht finden". Der Historiker Edgar Bonjour sah später in der Asylgewährung „eine Nebenerscheinung der Neutralität". In Wirklichkeit aber hatte die Schweiz stets eine restriktive Asylpolitik: Die katholischen Orte beteiligten sich nicht an der Aufnahme von Hugenottenflüchtlingen aus Frankreich; in protestantischen Orten gaben auch wirtschaftliche Interessen den Ausschlag. In unserer Zeit hatten Ostflüchtlinge eindeutig mehr Chancen als Asylsuchende aus westlichen Diktaturen.

Der Historiker und ehemalige Bundesrat Georges-André Chevallaz sieht im Asylrecht nicht das Recht des Flüchtlings, Asyl zu verlangen, sondern das Recht des Staates, Asyl zu gewähren. Er schreibt: „Die unbeschränkte und wahllose Öffnung der Grenze würde, durch die Überzahl der Zuwanderer, schließlich die Sache der Asylgewährung in Mißkredit bringen und deren Art und Auftrag gefährden." Schon 1889 hatte ein schweizerischer Außenminister erklärt: „Unser Asylrecht entspringt nicht der Neutralität, sondern es gehört zur Souveränität jedes Staates. So haben wir nie die irrige Auffassung zugelassen, wonach die Schweiz aufgrund ihrer Neutralität ein Delphi-Tempel sei, in dem Übeltäter Schutz fänden."

Die Bundesverfassung von 1848 erwähnt denn auch nur „das Recht, Fremde, welche die innere oder äußere Sicherheit der Eidgenossenschaft gefährden, aus dem schweizerischen Gebiete wegzuweisen". Doch sie befaßt sich nicht mit dem

Asylrecht. 1925 wurde das Recht der Asylgewährung (nicht das Recht des Flüchtlings auf Asyl) in der Verfassung präzisiert: Der Bund hat (nach dem jeweiligen Kanton) das Recht, endgültig über die Ablehnung eines Asylantrags zu entscheiden. Er ist zuständig für „die Gesetzgebung über Ein- und Ausreise, Aufenthalt und Niederlassung der Ausländer". 1979 wurde ein Asylgesetz beschlossen und 1987 verschärft. Mit Asylbewerbern, an denen man kaum verdienen kann, hat die Schweiz offenbar noch mehr Mühe als mit ausländischen Arbeitskräften.

## 7. Die Schweiz und die Welt

Jean-Jacques Rousseau (1712–1778) wurde als Sohn eines Uhrmachers in einer alteingesessenen Genfer Familie hugenottischer Abstammung geboren. Seine Mutter starb bei der Geburt; der Vater, nach einem Streit mit einem Patrizier mit Gefängnisstrafe bedroht, mußte ins nahe Waadtland ausziehen. Jean-Jacques begann eine Graveurlehre; als Sechzehnjähriger lief er aus der Heimatrepublik weg, wurde Lakai, Priesterschüler, Privatlehrer, Sekretär des französischen Gesandten in der Republik Venedig, Komponist, Musikwissenschaftler, Botaniker. Sein Brot verdiente er als Kopist von Musiknoten. Seine Schriften haben die Welt bewegt – er wurde auf verschiedenste Art verstanden und mißverstanden, er ist ein Vorläufer der Französischen Revolution und Wegbereiter der Menschenrechte, und gewiß hat er sogar manche Gedanken der heutigen ‚Grünen' vorweggenommen. Sein Denkmal steht auf einer Rhoneinsel. In einem – fiktiven – Interview äußert er sich hier über sich und unsere Zeit. (Originalzitate aus Rousseaus Werken sind *kursiv* gedruckt).

*Interview mit Jean-Jacques Rousseau*

M. S.: Jean-Jacques Rousseau, in Genf und auf der ganzen Welt verehrt man Sie ...

Rousseau: Scheuch doch bitte den Vogel von meinem Kopf ...

M. S.: Sie sind von Akademien ausgezeichnet worden und gehören zu den größten Philosophen der Menschheit. Mit welchem Titel sollen wir Sie anreden? Meister? Herr Professor? Bürger? Herr Doktor? Magnifizenz?

Rousseau: Die Bezeichnung ‚Citoyen de Genève', Bürger von Genf, betrachtete ich stets als meinen höchsten Titel. Er weist auf die Zugehörigkeit zu einer alteingesessenen Familie hin. Doch heute würde man seinen Sinn kaum mehr verstehen. Meine Vorbilder waren die politischen Institutionen meiner Genfer Heimat, der Schweizer Landsgemeindeorte und der altgriechischen Stadtrepubliken: Supermächte sind und bleiben eine Gefahr für die Menschheit. Gewiß: Ich habe mit einer gelehrten Abhandlung den Preis der Akademie Dijon gewonnen, Komödien geschrieben, einige Opern komponiert; meine Oper *Der Dorfwahrsager* wurde vor dem König von Frankreich und seinem Hof aufgeführt. In Paris und in Genf hat man dann 1762 meinen Erziehungsroman *Emile* und den politischen Essay *Gesellschaftsvertrag* verbrannt, weil ich angeblich *die christliche Religion und alle Regierungen umstürzen* wollte. Ich galt damals als Systemveränderer – vielleicht wäre ich auch in der heutigen Schweiz wieder als möglicher Staatsfeind registriert. Ich habe vorausgesagt: *Wir gehen einem Zustand der Krise und dem Jahrhundert der Revolutionen entgegen.* Doch ich konnte nicht voraussehen, in welchem Ausmaß sich die wirtschaftlichen und sozialen Strukturen verändern würden. Elf Jahre nach meinem Tod begann die Revolution in Paris, deren Anführer meine Bücher zum Teil auswendig kannten. Die Verfasser der Menschenrechtserklärungen stützten sich auf meine Schriften, Immanuel Kant inspirierte sich für seine Rechtslehre an meinem Gesellschaftsvertrag. Doch eigentlich bin ich gar nie zur Schule gegangen; ich habe kein Diplom. Mein Wissen verdanke ich dem Leben und eigenem Drang: ich habe gelesen und vor allem die Natur beobachtet. Nur was man aus eigenem Antrieb lernt, weiß man wirklich; ich habe das in meinem *Emile* aufgezeigt. Also lassen wir Höflichkeitsfloskeln und deutsche Titelmoden: Wer einen Titel braucht, verdient keinen, und wer einen verdient, braucht keinen. Nenne mich Jean-Jacques, und sage du zu mir.

M. S.: Also, Jean-Jacques, was hältst du von Genf und der Schweiz von heute?

Jean-Jacques: Die Möwen hier stören mich doch noch weniger als die stinkenden, lärmenden Wagen, die dauernd über die Brücke fahren. Diese Montblanc-Brücke direkt vor meiner Nase ist, wie es heißt, das am stärksten befahrene Straßenstück im Lande, und Genf hat die größte Automobildichte. Das Auto ist ein blutrünstiger Abgott: mehr als tausend Tote im Jahr allein in der Schweiz! Euer Straßenverkehr ist die Fortsetzung des Krieges mit anderen Mitteln.

M. S.: Du bist noch zu Fuß gegangen ...

Jean-Jacques: *... und stets mit Vergnügen. Nie habe ich so viel nachgedacht, nie bin ich meines Daseins so bewußt, nie, wenn ich so sagen darf, so ganz ich gewesen, als auf Reisen, die ich zu Fuß gemacht habe. Im Wandern liegt etwas, das meine Gedanken weckt und belebt.*

M. S.: Schlimm, ein regloses Dasein als Denkmal!

Jean-Jacques: *Gewiß. Verharre ich auf der Stelle, so bin ich fast nicht imstande zu denken; mein Körper muß in Bewegung sein, damit mein Geist ihn erfüllt.*

M. S.: Du hast die Ufer des Genfersees besonders geliebt ...

Jean-Jacques: *Ich wünschte mir unbedingt einen Obstgarten am Ufer dieses Sees und keines andern, einen zuverlässigen Freund, eine liebe Frau, eine Kuh und ein Boot, und ich dachte, nie würde ich hienieden ein vollkommenes Glück genießen, als wenn ich das alles hätte.* Doch heute rasen die Autos den See entlang und verstinken alles. Die Luft ist verpestet, sie macht krank. Mit dem Frieden ist es aus am Genfersee ...

M. S.: ... und am Bielersee.

Jean-Jacques: *Die Ufer des Bielersees waren noch wilder und romantischer als jene des Genfersees, weil die Felsen und Wälder das Wasser näher umsäumten. Kein anderer Aufenthalt in meinem Leben hat mich so wahrhaft beglückt und mir eine so schöne Erinnerung hinterlassen wie der auf der Petersinsel im Bielersee.*

*Blick von Caux auf den Genfersee*

M. S.: Von der du wegziehen mußtest.

Jean-Jacques: *Man hat es mir nicht erlaubt, länger als zwei Monate auf dieser Insel zuzubringen; ich aber hätte zwei Jahre, zwei Jahrhunderte, die ganze Ewigkeit hier verbringen können, ohne mich einen Augenblick zu langweilen.*

M. S.: Zuvor ist es dir in Môtiers nicht besser ergangen.

Jean-Jacques: Ich, der Genfer, wurde in den Republiken der Eidgenossenschaft verfolgt; Asyl erhielt ich von einem Monarchen, dem König von Preußen, in dessen Fürstentum Neuenburg. Doch nach drei Jahren mußte ich auch aus Môtiers weg.

*Man predigte von der Kanzel gegen mich; ich wurde der Antichrist genannt und auf dem Lande wie ein räudiger Wolf verfolgt. In der Nacht nach dem Jahrmarkt von Môtiers wurde ich in meinem Haus mit Steinen angegriffen.* So flüchtete ich mit Thérèse auf die Petersinsel ...

M. S.: Große Städte hast du nie geliebt.

Jean-Jacques: Paris war für mich *die Stadt aus Dreck, Rauch und Lärm.* Doch das heutige Genf scheint mir noch schlimmer. Spekulanten, Banken und Büros haben die früheren Stadtbewohner aus der Innenstadt in Satellitenstädte verdrängt; nur noch Huren können hier die Mietzinsen bezahlen; alles drängt nach Geld, und Geld korrumpiert alle. Ein Prozent der Schweizer besitzen heute fast die Hälfte – 43 Prozent – des gesamten Privatvermögens, und die Reichen werden immer reicher, auch weltweit: die Entwicklungsländer geraten immer mehr in Rückstand. *Es ist offensichtlich gegen das Naturgesetz, wenn eine handvoll Leute im Überfluß lebt, während der hungernden Mehrheit das Notwendigste fehlt. Jeder soll leben, niemand sich bereichern können. Die erste Quelle des Übels ist die Ungleichheit.* Sache der Politik wäre es, die extremen Unterschiede des Reichtums zu verhindern, *nicht indem sie den Besitzenden das Vermögen wegnimmt, sondern lediglich die Mittel, die die Anhäufung des Vermögens erlauben.* In der Wegwerfgesellschaft geht es nur um Produktion und Profit; zerstörte Autos und zerstörte Menschenleben verschaffen Garagisten, Ärzten und Sargmachern Gewinn und erhöhen damit das Bruttosozialprodukt. Doch die Lehre vom ständigen Wirtschaftswachstum ist die totalitärste Ideologie. Alle nichtnachwachsenden Stoffe – die Bodenschätze – werden einmal erschöpft sein. Wir vernichten nicht nur unsere Lebensgrundlagen, sondern auch die unserer Kinder und Kindeskinder.

M. S.: Dein Ruf „Zurück zur Natur!" ist längst ein Schlagwort.

Jean-Jacques: Mein Briefroman *Julie,* der am Genfersee spielt, war offenbar dem Tourismus förderlich. Doch heute hilft der

Tourismus, die Landschaft zu zerstören. Weltweit wird die Natur verachtet, ausgebeutet, der Regenwald vernichtet, das Wasser verschmutzt, die Luft verdorben, der Planet geplündert. Nun wäre die Rückkehr zur Natur, zum einfachen Leben, zur Beschränkung, dringend vonnöten. Die Menschen haben die Schöpfung gerecht und solidarisch zu verwalten. Ich habe es vor zwei Jahrhunderten geschrieben: *Die Erde gehört niemandem, die Früchte allen – wenn ihr das vergeßt, seid ihr verloren.*

M. S.: Aber das Weltraumzeitalter eröffnet unbegrenzte Möglichkeiten.

Jean-Jacques: Na, ja. Unser Planet ist wie ein Raumschiff – doch ohne Pilot.

M. S.: Ein Wunsch an die Leser, Jean-Jacques?

Jean-Jacques: Die Autobahnen mit Erde bedecken und mit Blumen bepflanzen!

M. S.: Jean-Jacques, wir danken dir für dieses Gespräch.

## *Die Literatur der Schweiz*

Das 18. Jahrhundert war auch in der Schweiz fruchtbar. In geistiger Verwandtschaft zu Rousseau steht der Zürcher Heinrich Pestalozzi (1746–1827). Sein Hauptwerk *Lienhard und Gertrud* wurde zum europäischen Erfolg. „Eine Feuersaat", schrieb Fichte: „Sie zündete in alle Gemüter." Im Neuhof bei Brugg, in Stans, in Burgdorf und Münchenbuchsee war er – zeitweise im Auftrag der helvetischen Regierung – als Erzieher und Landwirt tätig und leitete schließlich in Yverdon ein Erziehungsinstitut von Weltruf. Seine Jünger zogen in alle Länder Europas, seine Lehren dienten beim Aufbau der Volksschulen in den Vereinigten Staaten wie später in der Sowjetunion. In seinem geistigen Testament, zwei Jahrzehnte vor dem Kommunistischen Manifest erschienen, heißt es: „Und meine Armen, meine gedrückten, verachteten und verstoßenen Armen ... man wird euch wie mich verlassen und verschupfen. Der Reiche in seinem Überfluß gedenkt euer nicht, er könnte euch auch nur höchstens ein Stück Brot geben, weiter nichts. Euch einzuladen zur geistigen Mahlzeit und euch zu Menschen machen, daran wird man noch lange nicht denken."

In dieser Zeit ragt eine Schriftstellerin hervor: Germaine de Staël (1766–1817), Tochter des Genfer Bankiers und französischen Finanzministers Jacques Necker, verehelicht mit dem schwedischen Baron von Staël-Holstein. Anfangs Anhängerin, dann Kritikerin Napoleons, wurde sie ins Schweizer Exil verbannt: In ihrem Schloß zu Coppet trafen sich die bedeutendsten Geister der damaligen Zeit. Ihre autobiographischen Romane verfechten die Emanzipation der Frau, politische Werke (wie jenes *Über Deutschland*) plädieren für Kulturaustausch und europäische Versöhnung. Germaine de Staël war mit dem Waadtländer Benjamin Constant verbunden, der nach dem Sturz Napoleons Abgeordneter und Staatsrat in Paris wurde und als liberaler Theoretiker ein Projekt für eine europäische Föderation entwarf, in dem er eine guthelvetische These verkündet: „Verschiedenheit ist Leben, Gleichschaltung Tod."

Eine überragende Figur war auch der Berner Arzt, Naturforscher und Staatsmann Albrecht von Haller (1708–1777). Sein Lehrgedicht *Die Alpen* leitete eine Zeit der Naturbegeisterung ein und begründete weltweit ein Idealbild der Schweiz. Er war Professor in Göttingen und übernahm dann in Bern den bescheidenen Posten eines Rathausammanns; er lehnte die ehrenvollsten akademischen Berufungen ab und strebte stets zum Staatsdienst in der glorreichen Republik Bern. Als konservativer politischer Denker bekämpfte er sowohl Rousseau als auch Voltaire und verteidigte die Aristokratie. Sein Enkel Karl Ludwig von Haller sollte zum eigentlichen Theoretiker des Restaurationszeitalters werden.

Von Zürich aus wirkten im 18. Jahrhundert die Schriftsteller um Johann Jakob Bodmer für den Einzug der deutschen Literatur in die Weltliteratur; Salomon Gessner verfaßte seine *Idyllen,* Lavater seine Physiognomielehre; Johann Heinrich

Füssli (in England später ‚Fuseli' geschrieben) malte seine mystischen Bilder. Basel war ein Zentrum der exakten Wissenschaften: Leonhard Euler und mehrere Mitglieder der Familie Bernoulli errangen Weltruhm als Mathematiker. Genf war damals Schauplatz der Kämpfe zwischen Rousseau, dem ‚Bürger von Genf', und Voltaire, der in der Rhonestadt und später in ihrer unmittelbaren Nähe in Ferney lebte und seine Briefe als „der Schweizer Voltaire" unterzeichnete. Drei Genfer, Etienne Dumont, du Roveray und Reybaz, entwarfen im Geiste Rousseaus die ‚Erklärung der Rechte des Menschen und Bürgers'.

Die Schweizer Literatur des 19. Jahrhunderts ist überstrahlt vom Dreigestirn Gotthelf, Keller, Meyer. Der Berner Dichter-Pfarrer Jeremias Gotthelf (1797–1854), Verfasser kraftvoller Bauernromane, Epiker und Meister der Novelle, steht wie ein erratischer Block im Strom der europäischen Literatur. Der Zürcher Staatsschreiber Gottfried Keller (1819–1890) zählt zu den bedeutendsten Vertretern des Realismus. Keller glaubte an den jungen Staat von 1848; in seinem Altersroman *Martin Salander* geißelte er die Korruption eines Bürgertums, dem Profit zur obersten Maxime des Handelns wird. Der Zürcher Dichter und Novellist Conrad Ferdinand Meyer (1815–1898) flüchtete zurück in die Vergangenheit, zu den Tatmenschen der Renaissance. Seine Gedichte kündigten die moderne Lyrik an: Das Gefühl der Isolation bleibt literarisches Thema bis in die Gegenwart. Carl Spitteler (1845–1925) wurde 1919 mit dem Nobelpreis ausgezeichnet. Ludwig Hohl (1904–1980) zeigt sich als scharfsinniger Kulturkritiker: Die Schweiz leidet seiner Ansicht nach „an vorzeitigen Versöhnungen, was, genau gesehen, nichts anderes ist als Oberflächlichkeit". Weltweit bekannt sind die Dramatiker und Erzähler Max Frisch (geb. 1911) und Friedrich Dürrenmatt (geb. 1921). Der Zürcher Frisch schreibt aus einem humanistischen Sozialismus heraus; der Berner Dürrenmatt ist der erfolgreichste deutschsprachige Dramatiker seit Brecht. Über die Landesgrenzen hinaus bekannt sind auch engagierte Schriftsteller wie Adolf Muschg, Peter Bichsel und Kurt Marti. Die größten Auflagenerfolge erzielten allerdings Heimatidyllen wie Johanna Spyris *Heidi*.

In der Westschweiz wurde der Genfer Rodolphe Töpffer (1799–1846) mit seinen Bildergeschichten zum Vorläufer der Comic Strips. Charles-Ferdinand Ramuz (1878–1947) schrieb in einer bewußt bäurisch-schwerfälligen Sprache; mit ihm begann eine Besinnung auf die Eigenart der Westschweiz. Jacques Chessex (geb. 1934) zeichnet in *Leben und Sterben im Waadtland* und *Der Kinderfresser* ein barockes Bild seiner Heimat, Georges Haldas (geb. 1917) in der *Altstadtchronik* ein Psychogramm Genfs. Zu den großen Romanciers gehört Georges Borgeaud (geb. 1914). Die katholische Westschweiz fand ihren Weg in die Literatur des 20. Jahrhunderts mit dem Freiburger Patrizier Gonzague de Reynold (1880–1970) und dem jurassischen Rebellen Alexandre Voisard (geb. 1930), der seine Gedichte in Delsberg vor Zehntausenden von Zuhörern vorträgt. Wichtig ist der Beitrag der Frauen mit Catherine Colomb (1899–1965, *Tagundnachtgleiche*), Alice Rivaz (geb. 1901, *Der Bienenfriede*) und Corinna Bille (1912–1979, *Schwarze Erdbeeren*). Überragender Schriftsteller der italienischen Schweiz ist der autoritätsgläubige Francesco Chiesa (1871–1973); eine Erneuerung begann mit Giovanni und Giorgio Orelli und mit Plinio Martini. Auch die rätoromanische Kleinsprache hat eine reiche Literatur hervorgebracht. Bei den meisten Schweizer Schriftstellern spielt die politische Auseinandersetzung mit ihrem Land eine große Rolle, besonders in der Deutschschweiz, während Westschweizer eher zur Verinnerlichung neigen.

Wir müßten Gelehrte erwähnen: den legendären Innerschweizer Arzt Paracelsus (1493–1541), Jacob Burckhardt (*Weltgeschichtliche Betrachtungen*), den Linguisten Ferdinand de Saussure, die Psychologen Jean Piaget und Carl Gustav Jung, den Theologen Karl Barth, den Humanisten und Rotkreuz-Gründer Henri Dunant. Weitere bedeutende Schweizer sind der Stratosphärenflieger Auguste Piccard, der Genfer Schauspieler Michel Simon, die Musiker Arthur Honegger und Rolf Liebermann, der Maler Ferdinand Hodler, der Architekt Charles-Albert Jeanneret, genannt Le Corbusier ... und der Physiker Albert Einstein, der seine Jugend im Aargau verbrachte und als junger Mann das Zürcher Bürgerrecht erwarb.

Die Schweiz weist die relativ größte Dichte an Nobelpreisträgern auf, wie der Neuenburger Föderalismus-Theoretiker Denis de Rougemont betont. Er erklärt weiter, „unsere besten Geister", losgelöst von der Enge der Heimat, hätten „im Ausblick in die Weite jene großen Dimensionen erlangt, die ihnen in der Schweiz fehlen". Viele seien erst im Ausland zu Ansehen gelangt, „und von dort aus verbreitete sich ihr Ruf, gleichsam als Importgut, dann auch in der Schweiz". Für sie gelte der Satz: Der Heimatkanton – oder Europa. „So überspringt der kultivierte Mensch die Stufe des Nationalen. Ich wage darin das größte Privileg der Schweizer zu sehen: Welches auch ihre engere Heimat sein mag – wenn sie darüber hinausgelangen, so finden sie unmittelbar Anschluß an die großen kontinentalen Geistesströmungen. Verdammt zu Europa? Nein: frei für Europa."

### Tinguely in Moskau

Ein Bauerndorf, das ‚Dörfli', Symbol des schweizerischen Selbstverständnisses, bildete, wie schon erwähnt, seit dem letzten Jahrhundert den Mittelpunkt der Landesausstellungen. Doch die für das Jubeljahr 1991 vorgesehene Ausstellung kam nicht zustande, und schon die ‚Expo 1964' in Lausanne mußte ohne ‚Dörfli' auskommen. Dagegen erregte dort eine seltsame Maschine *Heureka* des Freiburger Schrottkünstlers Jean Tinguely Aufsehen: Quietschende Räder und Hebel verulkten den Leerlauf der damaligen Hochkonjunktur. 1960 hatte er in Amerika eine ironische *Huldigung an New York* ausgestellt: eine Maschine, die sich selbst zerstörte. Inzwischen ist der Bildhauer des Absurden weltweit bekanntgeworden.

Im Sommer 1990 waren vierzig neue Tinguely-Werke im Moskauer Haus der Künstler zu sehen, darunter als Hauptwerk ein *Hochaltar der totalitären Marktwirtschaft*. Die *Basler Zeitung* beschrieb das Ding als „stählernes Ungetüm von

*Fasnachtsbrunnen (1977) von Jean Tinguely vor dem Stadttheater Basel*

sechs auf fünf Meter, in dem sich die Warengesellschaft karikaturhaft spiegelt: leer drehendes Räderwerk, buntes Kinderspielzeug, oben im Zentrum an Kreuzes Stelle ein gewaltiger Ochsenschädel, daneben, die frohe Botschaft des Konsums verkündend, ein geschweifter Weihnachtsstern, Schwan, Schwert, Gartenzwerg, venezianische Maske, ins Nichts rudernde Skis, irgendwo eine glitzernde Kino-Silberkugel ..."

Tinguely meinte zu Journalisten: „Ich will den Russen zeigen, wie reich wir leben – und gleichzeitig wie lächerlich. Unser Reichtum ist dargestellt durch eine Reihe unnützer Dinge. Wir wissen ja nicht mehr, was nun nützlich ist und was nicht mehr. Mit dem Altar wollte ich auf den totalen, kolossalen Blödsinn unseres Industriekapitalismus eingehen." Und: „Die Produktivität nimmt zu. Heute produzieren die Maschinen, nicht mehr die Menschen. Der Proletarier von gestern, unser

Sklave, interessiert eigentlich niemand mehr. Was für unsere Gesellschaft zählt, ist nicht mehr, wie viel er produziert, sondern wieviel er kauft, in welchem Maß er fähig ist, ein guter Konsument zu sein. Das ist es, was wir suchen, Konsumenten, die unseren totalitären Neofaschismus, unsere absolutistische Konsumation in Bewegung halten ... Was ich den Russen sagen will, ist dies: Aufgepaßt! Ihr entledigt euch eures Totalitarismus, doch euch droht ein anderer Totalitarismus."

*Eine dritte Eidgenossenschaft?*

Die Schweiz ist siebenhundert Jahre alt. 1291 hatten souveräne Gemeinschaften das erste Verteidigungsbündnis beschworen, das sich festigte, ausdehnte und fünfhundert Jahre lang bestand, bis es 1798 untergehen sollte. 1848 wandelte sich der lockere Staatenbund in einer zweiten Etappe zum Bundesstaat, und wenn 1992 die zwölf Staaten der Europäischen Gemeinschaft ihren Binnenmarkt verwirklichen, hat sich die Schweiz für eine dritte Art der Eidgenossenschaft zu entscheiden: Europa.

1986 lehnte das Schweizervolk fast mit Dreiviertelmehrheit den Beitritt zu den Vereinten Nationen ab (die Schweiz gehört allerdings zahlreichen internationalen Organisationen an, z. B. der Unesco). Das Volk hat sich auch über den Beitritt der Schweiz zum europäischen Wirtschaftsraum (EWR) zu äußern. Bleibt die Schweiz abseits, wenn sich die zwölf EG-Staaten zu einem gemeinsamen Binnenmarkt mit freiem Verkehr von Waren, Dienstleistungen, Kapital und Personen zusammenschließen?

Das Bulletin der Schweizerischen Kreditanstalt (SKA) erklärt: „Die jetzige Situation gleicht jener von 1848, als sich die einzelnen Stände (Kantone) bei der Bildung des heutigen Bundesstaates – auf einer tieferen Stufe – vor ähnliche Fragen gestellt sahen. Hat die Schweiz an den damaligen mutigen Entscheiden Schaden genommen?" Das SKA-Bulletin verspricht sich von einem Beitritt zum EWR vor allem Vorteile: der

Werk-, Finanz- und Denkplatz Schweiz würde konkurrenzfähiger; die Unternehmen könnten unter binnenmarktähnlichen Verhältnissen produzieren; ein erfrischender Wind würde „die teilweise verkrusteten Strukturen der Schweizer Wirtschaft in Bewegung bringen". Sicher gelänge die Schaffung eines modernen Steuersystems (die Mehrwertsteuer war in der Schweiz mehrmals abgelehnt worden). Im Umweltschutz könnte die fortschrittliche Politik der Schweiz in die Gesetzgebung des EWR einfließen.

Der Vertrag muß jedoch vor dem Souverän, der Mehrheit der Stimmbürger, bestehen. Die SKA erklärt: „Tut er dies nicht, droht unserem Land eine Satellisierung, ein aufgezwungener Rückzug ins ‚Réduit' sozusagen. Der Sonderfall Schweiz ließe sich auch in Zukunft präzisieren, allerdings zu einem viel höheren Preis."

*Die Schweiz muß umdenken*

Die Europäische Gemeinschaft (EG) geht auf die Römer Verträge von 1957 zurück. Ihr gehören heute zwölf Staaten an. Die Schweiz und die anderen Staaten der Europäischen Freihandelszone (Efta; Österreich, Finnland, Schweden, Norwegen, Island) stehen vor der Schaffung eines binnenmarktähnlichen Europäischen Wirtschaftsraums (EWR).
Der Genfer Philosoph Henri-Frédéric Amiel (1821–1881) hatte geschrieben: „Jeder Mensch beginnt seine Erfahrungen von vorn. Nur die Institutionen werden immer weiser; sie sammeln die kollektive Erfahrung, und aufgrund dieser Erfahrung und dieser Weisheit wird sich zwar die Natur der den gleichen Regeln unterworfenen Menschen nicht verändern, dafür aber wird ihr Verhalten allmählich andere Formen annehmen." Jean Monnet, der ‚Vater Europas', bezog sich auf dieses Zitat, als er sagte: „Institutionen regieren die zwischenmenschlichen Beziehungen, sie sind die wahrhaften Träger der Zivilisation." Und weiter: „Menschen kommen und gehen, andere werden uns nachfolgen. Was wir ihnen vermachen kön-

nen, ist nicht unsere persönliche Erfahrung, die sich ja mit uns auflöst. Was wir ihnen hinterlassen können, sind die Institutionen."

Ein Beitritt zum Europäischen Wirtschaftsraum zwingt aber zum Umdenken. So wird die politische Souveränität der Schweiz beschränkt. „EWR-Recht ist Völkerrecht und hat folglich Vorrang gegenüber der schweizerischen Gesetzgebung", erklärt der schweizerische Verhandlungsleiter Franz Blankart: „Mit der Gutheißung des EWR-Vertrages durch Parlament, Volk und Stände wird dieses EWR-Recht automatisch Teil des schweizerischen Rechts." Der Wirtschaftsraum beschränkt auch die Möglichkeit, über Volksabstimmungen Verfassung und Gesetze zu ändern: Die Schweiz kann nicht immer den Sonderfall spielen. Auch der Föderalismus wäre neu zu ordnen: Die vier EG-Freiheiten sind heute nicht einmal in den Beziehungen zwischen den Kantonen verwirklicht. Ein Genfer Anwaltspatent ist in Lausanne ungültig, ein Zürcher Lehrpatent gilt nicht in Bern, ein Walliser Wirtepatent nicht in Freiburg; die Schulabschlüsse sind von Kanton zu Kanton verschieden; Beamte dürfen (aus Steuergründen) nicht außerhalb ihres Kantons Wohnsitz nehmen.

Die Schweiz muß vor allem auch ihre Ausländerpolitik ändern, wenn sie beim Europäischen Wirtschaftsraum mitmachen will. Schweizer Arbeitgeber beschäftigen heute für befristete Zeit Fremdarbeiter, die ihre Familien nicht mitnehmen dürfen: Die Saisonarbeiter müssen nach neun Monaten jeweils für drei Monate wieder in die Heimat zurückkehren. Erst nach vier Jahren werden sie zu ‚Jahresaufenthaltern', die den Arbeitsplatz frei wechseln dürfen. „Das wird die EG kaum akzeptieren", erklärt Georg Reisch, Generalsekretär der Europäischen Freihandelszone, – das Saisonarbeiterstatut widerspreche im übrigen auch den Menschenrechten.

Auf Schweizer Straßen fahren heute in der Nacht keine Lastwagen, tags keine über 28 Tonnen. Wären die Beschränkungen zu halten? Eine Volksinitiative (‚Alpen-Initiative') verlangt gar ein generelles Transitverbot für Lastwagen auf der Straße. Der sozialdemokratische Walliser Politiker Peter Bodenmann kritisiert, die EG-Dynamik sei allzusehr auf Wirtschaftswachstum ausgerichtet – auf Kosten der Umwelt und der sozialen Anliegen. Die Bevölkerung wolle weniger Transitverkehr. Ein Projekt sieht vor, daß Lastwagen künftig im Huckepackverkehr mit der Bahn durch das Land befördert werden sollen. „Wir sind das Volk", sagt der Urner Lehrer Armin Braunwalder, „wir bestimmen, wie die Transitgüter durch den Alpenraum geschleust werden. Ich will hier wohnen bleiben, unseren Lebensraum nicht einfach preisgeben. Oder sollen die nächsten Generationen auswandern?" Der kombinierte Verkehr soll täglich 1500 Lastwagen von der Straße auf die Schiene verlagern. Doch die Urner Bauern sind auch gegen eine ‚neue Alpentransversale' für den Huckepackverkehr: Sie wollen nicht noch ihr letztes Land hergeben. Das Transitland Schweiz wehrt sich gegen den Verkehr.

### *Die Schweiz ist keine Insel*

Der Philosoph Hans Saner kritisiert in einem *Weltwoche*-Interview das schweizerische Isolationsstreben: „Die helvetische Politik ist ein endloser Prozeß der Selbstbespiegelung geworden, der die Frage über alles geht: Wie können wir es so einrichten, daß wir von der Welt möglichst viel bekommen und ihr möglichst wenig abtreten?" Für Saner wäre die einzige nationale Identität des Viersprachengebildes Schweiz „eine politische, die auf den Grundrechten der Verfassung beruht. Aber gerade diese ist in den zentralen Bereichen verloren. Das politische System Schweiz steckt in einer viel schwereren Krise, als man sich bewußt ist". Saner sieht „im Kleinstaat eine Chance. Er könnte – nicht obwohl er klein ist, sondern gerade weil er klein ist – eine politische Bedeutung haben. Er könnte experimentierend Pilotfunktionen übernehmen im Verhältnis zur anderen Welt. Die Schweiz mit ihren vier Kulturen könnte ein Europa im kleinen sein. Aber gerade dort liegt der Punkt, wo wir sehr mutlos und nicht nur klein, sondern kleinlich sind".

Die politischen Strukturen und das Zusammenleben mehrerer Kulturen könnten die Schweiz zu einem Vorbild für ein künftiges Europa machen, meinen Beobachter wie der dänische Politologe Erling Bjøl. Die politisch, linguistisch, geographisch und konfessionell ausgewogene Zusammensetzung der Bundesregierung sei einer Prüfung wert; die turnusgemäße Weitergabe der Präsidentschaft sei bereits übernommen. Die Europäische Gemeinschaft könnte sich am schweizerischen Modell – Unterscheidung von Nationalsprachen und Amtssprachen – orientieren und die vergleichsweise wenig gesprochenen Sprachen wie Dänisch, Holländisch, Griechisch und Portugiesisch aus bestimmten Bereichen ausklammern. Allerdings befürchtet er psychologische, politische und ökonomische Hindernisse und sieht voraus, daß die Schweiz erst als sechzehntes Mitglied zur Gemeinschaft stoßen werde. Das Europa-Modell Schweiz hält auf Distanz zu Europa.

Denis de Rougemont hatte von einem Europa der Regionen geträumt, die ‚europaunmittelbar' sein sollten wie einst die ‚reichsunmittelbaren' Gemeinschaften im Reich. Sein Wunsch war eine Schweiz, die als Herz Europas schlagen sollte. Eine Gelegenheit ist wohl verpaßt, und doch muß die Schweiz, wie zur Zeit ihrer Gründung, die Rolle als Land des Übergangs, als Drehscheibe zwischen den Kulturen übernehmen: klein, aber großzügig.

# Zeittafel

**58 v. Chr.** Julius Cäsar schlägt bei Bibracte die Helvetier, die „die übrigen Gallier an Tapferkeit überragten" (Cäsar). Sie wollten nach Gallien auswandern und müssen nun in ihre Siedlungen zurückkehren: Helvetien wird Teil des römischen Weltreichs. Nachbarn der Helvetier: Rauracher (im Jura), Rätier (Alpen und Ostschweiz), Seduner (Wallis) Allobroger (um Genf). Das römische Helvetien erlebt eine Blütezeit.

**um 400** Völkerwanderung. Die ostgermanischen Burgunder (aus Bornholm, Burgundarholm = Burgunderinsel) besetzen als dünne Oberschicht die Westschweiz; sie übernehmen Sprache und Kultur der ansässigen Bevölkerung. Die später eindringenden Alemannen, den Kelten zahlenmäßig überlegen, bewahren die germanische Sprache.

**476** Nach dem Erlöschen der weströmischen Herrschaft bildet sich ein eigenes burgundisches Königreich. Reichsheiligtum ist St-Maurice im Wallis, die Kultstätte der Thebäischen Legion.

**um 500** Die Franken unter Chlodwig und dessen Nachfolgern unterwerfen Alemannen und Burgunder. Helvetien kommt zum Weltreich Karls des Großen (768–814) und wird in Gaugrafschaften eingeteilt: Aargau, Thurgau, Zürichgau, Waldgau (Waadt), Augstgau (Basel), Elsgau (Ajoie) usw. Erstmals seit der Römerzeit steht das ganze Land wieder unter einheitlicher Herrschaft. (Zweite) Christianisierung durch irische Mönche.

**951** Aus den Teilungen des karolingischen Reichs ist Burgund zum zweiten Mal als selbständiges Königreich hervorgegangen, mit zwei Teilen: Hochburgund und Niederburgund (Arelat, Hauptstadt Arles). Die burgundische (westschweizerische) Königstochter Adelheid wird Gemahlin Ottos I. des Großen (vom Papst 962 zum Kaiser gekrönt).

**um 1000** Der burgundische König Rudolf III. schenkt den Bischöfen von Basel, Sitten, Lausanne und Genf weltliche Herrschaftsgebiete: die Staaten der Westschweiz haben hier ihren Ursprung. Das heutige Baden-Württemberg, das Elsaß und die Nordostschweiz gehören zum Herzogtum Schwaben/Alemannien.

**1032** Das Königreich Burgund (damit die Westschweiz) fällt auf dem Erbweg an das römisch-deutsche Reich; der deutsche König Konrad II. läßt sich in Payerne zum König von Burgund krönen. Stellvertreter des Kaisers in der Westschweiz wird der ‚Rektor von Burgund'.

**nach 1200** Der Gotthardpaß wird geöffnet und bildet fortan die kürzeste Verbindung zwischen Deutschland und Italien.

**1231** Kaiser Heinrich VII. schenkt den Urnern einen Freiheitsbrief, der sie von Habsburg loskauft und zu Reichsfreien macht. 1240 erhält Schwyz einen Freiheitsbrief von Kaiser Friedrich II.

**1291** In einem ‚ewigen Bund' mit gegenseitiger Hilfsverpflichtung erneuern die Länder Uri, Schwyz und Unterwalden (Nidwalden, später auch Obwalden), am Gotthard gelegen, ein älteres Bündnis. Die Habsburger werden in blutigen Schlachten besiegt: Morgarten 1315, Sempach 1386, Näfels 1388.

**1353** Nach dem Beitritt Berns besteht die Eidgenossenschaft aus acht ‚Orten' (=Kantonen): Uri, Schwyz, Unterwalden, Luzern, Zug, Glarus, Zürich, Bern. Später werden ihr fünf weitere Orte beitreten: Freiburg und Solothurn 1481, Basel und Schaffhausen 1501, Appenzell 1513. Bis zur Revolution besteht die Eidgenossenschaft aus 13 Orten.

**1370** Pfaffenbrief bestimmt Gleichheit vor dem Gesetz für Adel, Geistliche und übrige Bürger. 1393 Sempacherbrief: erste eidgenössische Militärordnung.

**1476/77** Burgunderkriege: Die Eidgenossen besiegen (zum Nutzen des Königs von Frankreich) Herzog Karl den Kühnen bei Grandson, Murten und Nancy.

**1481** Stanser Vorkommnis: Niklaus von Flüe schlichtet den Streit unter den eidgenössischen Orten (zwischen Städten und Ländern).

**1499** Schwabenkrieg: Die Eidgenossen besiegen kaiserliche Truppen in mehreren Schlachten. Die Schweiz löst sich de facto vom Reich.

**1515** In der Schlacht bei Marignano unterliegt die Schweizer Infanterie der Artillerie des französischen Königs Franz I. Die Schweiz zieht sich von der Großmachtpolitik zurück.

**1523** Nach Luthers Thesen gegen den Ablaß von 1517 beseitigt Ulrich Zwingli in Zürich die Messe und führt das evangelische Abendmahl ein. 1528 Reformation in Bern.

**1529/1531** Erster und Zweiter Kappeler Krieg zwischen katholischen und protestantischen Orten.

**1536** Die Stadtrepublik Bern erobert das savoyische Waadtland. Genf unterstellt sich bernischem Schutz und führt die Reformation ein. Ab 1541 errichtet Jean Calvin eine Theokratie; Genf wird zum ‚protestantischen Rom'.

**1602** Escalade: Genf wehrt sich erfolgreich gegen einen Angriff Savoyens.

**1620** Die englischen Pilgerväter fahren mit der Mayflower übers Meer. In ihrem Gepäck: die in Genf gedruckte ‚Geneva Bible'.

**1647** Defensionale von Wil: gesamtschweizerisches Abkommen zur Sicherung der Neutralität (gemeinsamer Kriegsrat, 36 000 Mann gemeinsame Grenzschutztruppen)

**1648** Westfälischer Frieden: Am Ende des Dreißigjährigen Krieges (von dem die Schweiz weitgehend verschont blieb) wird die Unabhängigkeit vom Reich völkerrechtlich anerkannt.

**1653** Schweizerischer Bauernkrieg: Die verarmten Bauern lehnen sich auf gegen die Einschränkung der politischen Rechte und gegen die Städte. Die Rädelsführer werden bestraft, doch auch Reformen durchgeführt.

**1663** Soldbündnis aller Orte mit Ludwig XIV. von Frankreich, erneuert 1777.

**1656/1712** Erster und Zweiter Villmergerkrieg zwischen katholischen und reformierten Orten. Bern und Zürich brechen die Vorherrschaft der katholischen Orte.

**1792** Tuileriensturm: die königliche Schweizergarde wird niedergemetzelt. – Der Schweizerklub in Paris verbreitet in der Schweiz revolutionäre Schriften.

**1798** Untergang der alten Eidgenossenschaft: die Schweiz wird zum französischen Vasallenstaat mit Einheitsverfassung (Helvetik).

**1803** Mediation: Der Erste Konsul Napoleon Bonaparte gibt der Schweiz als ‚Vermittler' eine föderalistische Verfassung.

**1815** Bundesvertrag: die Kantone (nun 22) geben sich erstmals eine selbstgeschaffene Verfassung (Staatenbund). Das Restaurationsregime schränkt die Freiheiten ein. Der Wiener Kongreß garantiert immerwährende Neutralität der Schweiz.

**1830/31** Regeneration: Neue liberale Verfassungen in den Kantonen erweitern Volksrechte.

**1847** Sonderbundskrieg zwischen konservativen (katholischen) und liberalen (protestantischen) Kantonen. Der konservative ‚Sonderbund' wird von General Henri Dufour in einem kurzen Feldzug besiegt.

**1848** Bundesverfassung (revidiert 1874) vereinheitlicht Post, Maße und Gewichte, beseitigt Binnenzölle: Der Staatenbund wird zum Bundesstaat. Die Radikalen (Freisinnigen) bilden die erste Bundesregierung (Bundesrat). 1907 Zivilgesetzbuch, 1938 gemeinsames Strafrecht.

**1872–1882** Bau der Gotthardbahn, 1900 erste Bundesbahn

**1914–1918** Grenzbesetzung unter General Ulrich Wille

**1920** Beitritt der Schweiz zum Völkerbund unter Vorbehalt militärischer Neutralität

**1939–1945** Grenzbesetzung unter General Henri Guisan

**1948** Gesetz über Alters- und Hinterbliebenenversicherung

**1979** Gründung des Kantons Jura

**1986** Volksabstimmung lehnt Beitritt zu den Vereinten Nationen ab.

# Statistiken und Graphiken

*Wohnbevölkerung nach Alter, Geschlecht und Zivilstand*

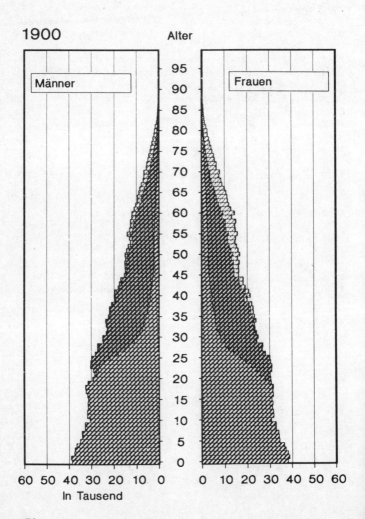

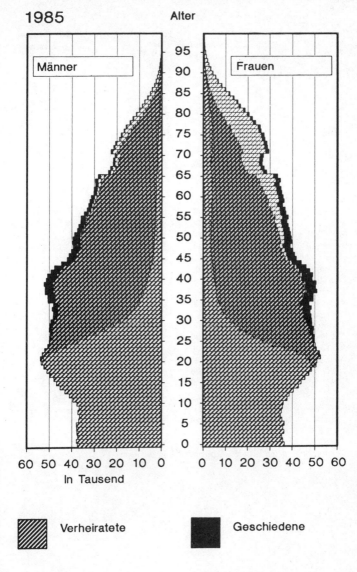

## Gesamtfläche und ständige[1] Wohnbevölkerung Anfang 1989

| Kantone | Gesamt-fläche (in km²)[2] | Wohn-bevölkerung Anf. 1989[3] | Ein-woh-ner/ 1 km² | Kantons-hauptort | Wohn-bevölkerung Anf. 1989[3] |
|---|---|---|---|---|---|
| Zürich | 1 728,6 | 1 141 500 | 660 | Zürich | 345 100 |
| Bern | 6 049,4 | 932 600 | 154 | Bern | 135 100 |
| Luzern | 1 492,4 | 311 800 | 209 | Luzern | 59 400 |
| Uri | 1 076,5 | 33 500 | 31 | Altdorf | 8 200 |
| Schwyz | 908,2 | 106 400 | 117 | Schwyz | 12 500 |
| Obwalden | 490,7 | 27 900 | 57 | Sarnen | 8 200 |
| Nidwalden | 275,8 | 31 600 | 115 | Stans | 6 000 |
| Glarus | 684,3 | 37 000 | 54 | Glarus | 5 600 |
| Zug | 238,5 | 83 400 | 350 | Zug | 21 600 |
| Freiburg | 1 670,0 | 200 200 | 120 | Freiburg | 33 600 |
| Solothurn | 790,6 | 221 500 | 280 | Solothurn | 15 400 |
| Basel-Stadt | 37,2 | 190 900 | 5132 | Basel | 170 100 |
| Basel-Land | 428,1 | 228 100 | 533 | Liestal | 12 300 |
| Schaffhausen | 298,3 | 70 300 | 236 | Schaffhausen | 33 700 |
| Appenzell A. Rh. | 243,2 | 50 300 | 207 | Herisau | 15 300 |
| Appenzell I. Rh. | 172,1 | 13 300 | 77 | Appenzell | 5 100 |
| St. Gallen | 2 014,3 | 410 800 | 204 | St. Gallen | 72 900 |
| Graubünden | 7 105,9 | 167 900 | 24 | Chur | 30 400 |
| Aargau | 1 404,6 | 484 300 | 345 | Aarau | 15 600 |
| Thurgau | 1 012,7 | 198 400 | 196 | Frauenfeld | 19 200 |
| Tessin | 2 810,8 | 280 600 | 100 | Bellinzona | 16 900 |
| Waadt | 3 219,0 | 565 200 | 176 | Lausanne | 123 500 |
| Wallis | 5 225,8 | 239 000 | 46 | Sion | 24 000 |
| Neuenburg | 796,6 | 157 400 | 198 | Neuenburg | 32 400 |
| Genf | 282,2 | 371 400 | 1316 | Genf | 164 000 |
| Jura | 837,5 | 64 700 | 77 | Delémont | 11 300 |
| Schweiz | 41 293,2 | 6 620 000 | 160 | | |

[1] Schweizer, Jahresaufenthalter, Niedergelassene, internationale Funktionäre
[2] Arealstatistik 1972
[3] Fortschreibung der Volkszählungsergebnisse vom 2. 12. 1980

Quelle: Schweizer Brevier (Kümmerli + Frey, Bern)

*Wohnbevölkerung nach Konfession 1980*

| Konfession | Personen | |
|---|---|---|
| | absolut | % |
| Protestantisch | 2 822 266 | 44,3 |
| Römisch-katholisch | 3 030 069 | 47,6 |
| Christlich-katholisch | 16 571 | 0,3 |
| Israelitisch | 18 330 | 0,3 |
| Ostkirchlich-orthodox | 37 203 | 0,6 |
| Andere christliche Gemeinschaften | 62 415 | 1,0 |
| Mohammedanisch | 56 625 | 0,9 |
| Andere Religionen | 11 833 | 0,2 |
| Konfessionslos | 241 551 | 3,8 |
| ohne Angaben | 69 097 | 1,1 |

Quelle: Statistisches Jahrbuch

*Ständige ausländische Wohnbevölkerung in der Schweiz*

| | Total | Anteil an der Gesamtbevölkerung in % |
|---|---|---|
| 1. Dezember 1910[1] | 552 000 | 14,7 |
| 1. Dezember 1930[1] | 356 000 | 8,7 |
| 1. Dezember 1950[1] | 285 000 | 6,1 |
| 31. Dezember 1970[2] | 983 000 | 15,9[3] |
| 31. Dezember 1977[2] | 933 000 | 14,9[3] |
| 31. Dezember 1978[2] | 898 000 | 14,4[3] |
| 31. Dezember 1979[2] | 884 000 | 14,1[3] |
| 31. Dezember 1980[2] | 893 000 | 14,2[3] |
| 31. Dezember 1981[2] | 910 000 | 14,5[3] |
| 31. Dezember 1982[2] | 926 000 | 14,5[3] |
| 31. Dezember 1983[2] | 926 000 | 14,4[3] |
| 31. Dezember 1984[2] | 932 000 | 14,5[3] |
| 31. Dezember 1985[2] | 940 000 | 14,6[3] |
| 31. Dezember 1986[2] | 956 000 | 14,7[3] |
| 31. Dezember 1987[2] | 979 000 | 15,0[3] |
| 31. Dezember 1988[2] | 1 007 000 | 15,3[3] |
| 31. Dezember 1989[2] | 1 040 000 | 15,6[3] |

[1] EVZ  [2] Ohne Saisonarbeiter und ohne Funktionäre internationaler Büros und ausländischer Verwaltungen sowie ohne Asylbewerber
[3] Approximativ
Quelle: Schweizer Brevier (Kümmerli + Frey, Bern)

*Wohnbevölkerung nach Muttersprache und Heimat*

| Jahr | Wohnbevölkerung | Deutsch % | Französisch % | Italienisch % | Rätoromanisch % | Andere Sprachen % |
|---|---|---|---|---|---|---|
| **Schweizer** | | | | | | |
| 1910 | 3 201 282 | 72,7 | 22,1 | 3,9 | 1,2 | 0,1 |
| 1920 | 3 477 935 | 73,0 | 21,7 | 4,0 | 1,2 | 0,1 |
| 1930 | 3 710 878 | 73,7 | 21,0 | 4,0 | 1,2 | 0,1 |
| 1941 | 4 042 149 | 73,9 | 20,9 | 3,9 | 1,1 | 0,2 |
| 1950 | 4 429 546 | 74,1 | 20,6 | 4,0 | 1,1 | 0,2 |
| 1960 | 4 844 322 | 74,4 | 20,2 | 4,1 | 1,0 | 0,3 |
| 1970 | 5 189 707 | 74,5 | 20,1 | 4,0 | 1,0 | 0,4 |
| 1980 | 5 420 986 | 73,5 | 20,1 | 4,5 | 0,9 | 1,0 |
| **Ausländer** | | | | | | |
| 1910 | 552 011 | 48,6 | 15,3 | 32,1 | 0,2 | 3,8 |
| 1920 | 402 385 | 52,3 | 17,6 | 25,0 | 0,2 | 4,9 |
| 1930 | 355 522 | 53,2 | 14,7 | 26,3 | 0,2 | 5,6 |
| 1941 | 223 554 | 49,1 | 18,1 | 27,7 | 0,4 | 4,7 |
| 1950 | 285 446 | 40,1 | 15,7 | 36,2 | 0,3 | 7,7 |
| 1960 | 584 739 | 27,5 | 7,8 | 54,1 | 0,1 | 10,5 |
| 1970 | 1 080 076 | 19,1 | 8,2 | 49,7 | 0,1 | 22,9 |
| 1980 | 944 974 | 16,3 | 8,9 | 40,3 | 0,1 | 34,4 |

Quelle: Statistisches Jahrbuch

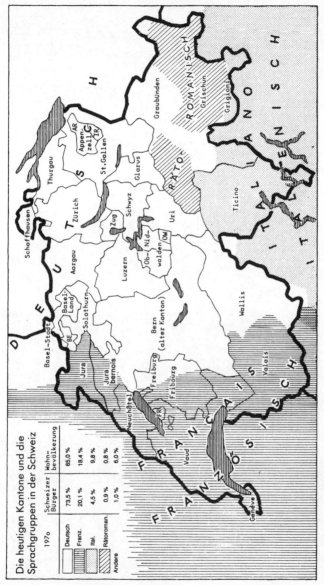

Quelle: Im Hof, Geschichte der Schweiz

## Wirtschaftliche Vergleiche 1986

| Land | Erwerbstätige | | | | Arbeits-losenrate | Handels-bilanz in Mio. US-Dollars[1,2] | Brutto-Inlandspro-dukt nomi-nal pro Einwohner in US-Dollars[2] |
|---|---|---|---|---|---|---|---|
| | Total in 1000 | davon | | | | | |
| | | Land-, Forstwirt-schaft % | Industrie, Handwerk, Baugewerbe usw. % | Dienstlei-stungen % | % | | |
| Schweiz | 3 219 | 6,5 | 38,0 | 55,5 | 0,8 | − 3 312 | 14 195 |
| Australien | 6 946 | 6,1 | 26,8 | 67,1 | 8,1 | − 888 | 9 847 |
| Belgien | 25 267 | ... | ... | ... | 16,1 | ... | 8 022 |
| BR Deutschland | 25 267 | 5,3 | 41,0 | 53,7 | 9,0 | 25 728 | 10 243 |
| Dänemark | ... | ... | ... | ... | 8,0 | − 1 152 | 11 319 |
| Finnland | 2 421 | 11,0 | 32,0 | 57,0 | 5,4 | 420 | 11 024 |
| Frankreich | 20 965 | 7,3 | 31,3 | 61,4 | 10,4 | − 10 140 | 9 251 |
| Griechenland | ... | ... | ... | ... | ... | − 5 664 | 3 294 |
| Irland | ... | ... | ... | ... | 18,2 | 336 | 5 123 |
| Island | ... | ... | ... | ... | ... | 84 | 10 958 |
| Italien | 20 614 | 10,9 | 33,1 | 56,0 | 11,1 | − 12 105 | 6 278 |
| Japan | 58 530 | 8,4 | 34,5 | 57,1 | 2,8 | 45 912 | 10 977 |
| Jugoslawien | ... | ... | ... | ... | ... | − 1 044 | 1 896 |
| Kanada | 11 634 | 5,1 | 25,3 | 69,6 | 9,6 | 10 500 | 13 635 |
| Luxemburg | ... | ... | ... | ... | ... | ... | 9 745 |

| | | | | | | |
|---|---|---|---|---|---|---|
| Neuseeland | ... | ... | ... | ... | ... | 6722 |
| Niederlande | ... | ... | ... | ... | 14,7 | 8628 |
| Norwegen | 2086 | 7,2 | 26,7 | 66,1 | 2,0 | 3060 |
| Österreich | 3279 | 8,7 | 37,8 | 53,5 | 5,2 | 4416 13960 |
| Portugal | 4045 | 21,7 | 34,8 | 43,5 | 8,5 | −3744 8743 |
| Schweden | 4269 | 4,2 | 30,2 | 65,5 | 2,7 | −2097 2032 |
| Spanien | 10815 | 16,1 | 32,1 | 51,8 | 21,5 | 1872 12006 |
| Türkei | ... | ... | ... | ... | ... | −5724 4255 |
| Vereinigtes Königreich | 24221 | 2,5 | 30,9 | 66,6 | 11,5 | −3420 1057 |
| Vereinigte Staaten | 109597 | 3,0 | 27,7 | 69,3 | 7,0 | −8376 7943 |
| | | | | | | −132132 16494 |

[1] Ein Minuszeichen (−) bedeutet Einfuhrüberschuß
[2] 1985

Quelle: Statistisches Jahrbuch

*Außenhandel nach Wirtschaftsräumen und Ländern 1987*

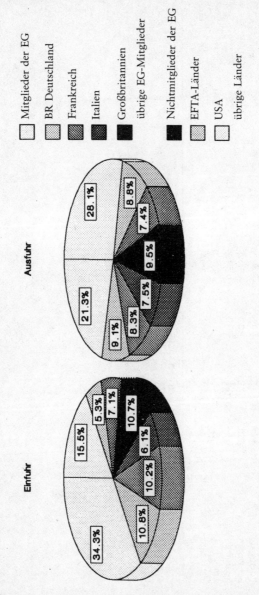

Quelle: Eidgenössische Zollverwaltung

*Schweizer Seen über 5 km²*

| Name | Fläche | | Größte Tiefe |
|---|---|---|---|
| | Total km² | Inland km² | m |
| Lac Léman (Genfersee) | 581,3 | 347,3 | 310 |
| Bodensee (mit Untersee) | 541,2 | 173,2 | 252 |
| Lac de Neuchâtel | 217,9 | 217,9 | 153 |
| Lago Maggiore | 212,3 | 42,3 | 372 |
| Vierwaldstättersee | 113,6 | 113,6 | 214 |
| Zürichsee (mit Obersee) | 90,1 | 90,1 | 143 |
| Lago di Lugano | 48,7 | 30,7 | 288 |
| Thunersee | 48,4 | 48,4 | 217 |
| Bielersee | 39,8 | 39,8 | 74 |
| Zugersee | 38,3 | 38,3 | 198 |
| Brienzersee | 29,8 | 29,8 | 261 |
| Walensee | 24,1 | 24,1 | 144 |
| Murtensee | 23,0 | 23,0 | 46 |
| Sempachersee | 14,5 | 14,5 | 87 |
| Sihlsee[1] | 10,9 | 10,9 | 17 |
| Hallwilersee | 10,3 | 10,3 | 47 |
| Lac de Gruyère[1] | 9,6 | 9,6 | 69 |
| Lac de Joux et Brenet[1] | 9,6 | 9,6 | 32 |
| Greifensee | 8,6 | 8,6 | 34 |
| Sarnersee | 7,5 | 7,5 | 52 |
| Ägerisee | 7,2 | 7,2 | 82 |
| Baldeggersee | 5,3 | 5,3 | 66 |

[1] Speicherseen
Quelle: Schweizer Brevier

*Parteien im National- (N) und im Ständerat (S)*

| Partei | 1911 N | 1911 S | 1967 N | 1967 S | 1987 N | 1987 S |
|---|---|---|---|---|---|---|
| Freisinnige FDP | 113 | 25 | 49 | 16 | 51 | 14 |
| Christlichdemokraten[2] CVP | 38 | 16 | 45 | 17 | 42 | 19 |
| Schweiz. Volkspartei[3] SVP | – | – | 21 | 3 | 25 | 4 |
| Liberale[1] und Evangelische[7] | 13 | 1 | 6 | 3 | 9 | 3 |
| Landesring und Evangelische[7] | – | – | 16 | 1 | 11 | 1 |
| Sozial-Politiker | 5 | – | – | – | – | – |
| Sozialdemokraten SPS | 15 | 1 | 51 | 2 | 41 | 5 |
| Demokraten und Evangelische[7] | – | – | 6 | 2 | – | – |
| Partei der Arbeit PdA | – | – | 5 | – | 1 | – |
| POCH[4] und PSA[5] | – | – | – | – | 5 | – |
| Republikaner[6] | – | – | – | – | – | – |
| Nationale Aktion | – | – | – | – | 3 | – |
| Andere | 2 | 1 | 1 | – | 3 | – |
| Grüne | – | – | – | – | 9 | – |

[1] ehemals Liberal-Demokraten
[2] vor 1971 Konservativ-Christlichsoziale
[3] vor 1971 BGB. Seit 1971 einschließlich Demokraten
[4] POCH = Progressive Organisationen der Schweiz
[5] PSA = Partito Socialista Autonomo seit 1975/Parti socialiste autonome seit 1979
[6] seit 1975 einschließlich Vigilance
[7] Die Evangelischen haben seit 1983 Fraktionsgemeinschaft mit dem Landesring

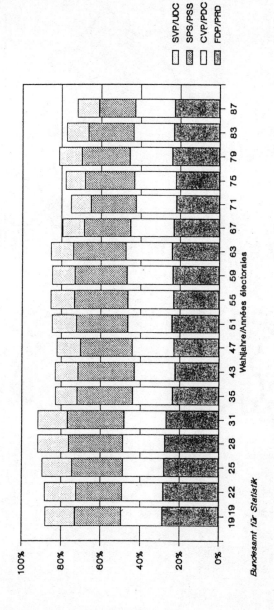

*Parteistärken bei den Nationalratswahlen 1919 bis 1987*

Quelle: Statistisches Jahrbuch

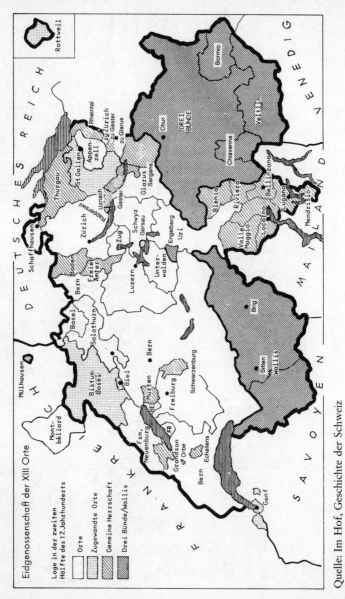

Quelle: Im Hof, Geschichte der Schweiz

## Entstehung des Kantons Jura

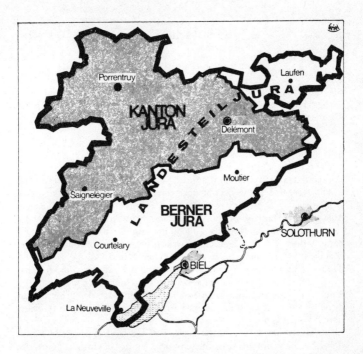

Das Territorium des Kantons Jura mit den drei Hauptorten Delsberg (Delémont), Pruntrut (Porrentruy) und Saignelégier umfaßt den Norden des ehemaligen bernischen Landesteils Jura (Grenze nördlich Biels), von dem die Amtsbezirke Neuenstadt (La Neuveville), Courtelary, und der größere Teil von Moutier bei Bern blieben, während sich Laufen für Baselland entschied.

Quelle: Schwander: Jura – Konfliktstoff für Jahrzehnte.

# Literaturhinweise

Die Literatur über die Schweiz ist außerordentlich vielfältig; hier nur wenige Hinweise. Eine ausführliche Bibliographie findet sich z. B. in Mesmer: Geschichte der Schweiz und der Schweizer (s. unten).

Allemann, Fritz René: 26 mal die Schweiz, München 1980. Kanton um Kanton lebendig erläutert. Ein Standardwerk.
Ammann, Egon u. a.: Literatur aus der Schweiz. Zürich und Frankfurt/M, 1980. Neuere Texte, Bericht über eine Tagung ‚Vier Sprachen – eine Heimat‘.
Aubert, Jean-François: So funktioniert die Schweiz, Bern 1980. Staatsrecht anhand von aktuellen Fällen (Jurakonflikt usw.) erläutert.
Baur, Arthur: Was ist eigentlich Schweizerdeutsch? Winterthur 1983. Geschichte und Gebrauch der alemannischen Mundart.
Bergier, Jean-François: Wirtschaftsgeschichte der Schweiz, Zürich 1983. Zusammenfassung einer Reihe neuerer Einzeluntersuchungen.
Bundesamt für Statistik (Hrg.): Statistisches Jahrbuch der Schweiz, Zürich 1989. Bevölkerung, Wirtschaft, Tourismus, Politik in Tabellen und Graphiken.
Chessex, Jacques: Leben und Sterben im Waadtland, Zürich 1990. Literarisches Porträt aus der Westschweiz, vom bisher einzigen Schweizer Goncourt-Preisträger.
Dunand, Fabien: Schweizer – Engel im Paradies? Bern 1988. Statistiken, kurz und treffend erläutert.
Dürrenmatt, Peter: Schweizer Geschichte, Zürich 1976. Populäre Darstellung, illustriert.
Eidg. Departement des Innern (Hrg.): Zustand und Zukunft der viersprachigen Schweiz. Bericht einer Arbeitsgruppe, Bern 1989. Sprachenprobleme aus politischer Sicht.
Eidg. Drucksachenzentrale (Hrg.): Vorkommnisse im Eidg. Justiz- und Polizeidepartement (Geldwäscherei usw.). Bericht einer parlamentarischen Untersuchungskommission, der zum Bestseller wurde.
Flüeler, Niklaus (Hrg.): Kulturführer der Schweiz, Zürich 1982. Baudenkmäler und Museen, reich illustriert.
Grimm, Robert: Geschichte der Schweiz in ihren Klassenkämpfen, Zürich 1976. 1920 von einem Mitstreiter Lenins und Trotzkis geschrieben.

Gsteiger, Manfred: Die zeitgenössischen Literaturen der Schweiz, München 1974. Wichtig zum Verständnis von Kultur und Politik.

Hilty, Hans Rudolf (Hrg.): Grenzgänge. Literatur aus der Schweiz 1933–45. Ein Lesebuch, Zürich 1981. Querschnitt durch die Literatur der in jener Zeit bedrohten Schweiz.

Hotzenköcherle, Rudolf: Die Sprachlandschaften der deutschen Schweiz, Aarau 1984. Kompetenter Überblick über die alemannischen Mundarten.

Im Hof, Ulrich: Geschichte der Schweiz, Stuttgart 1974. Brillante Zusammenfassung.

Kümmerli + Frey (Hrg.): Schweizer Brevier, Bern 1990. Knappe Darstellung von Geographie und Wirtschaft, jedes Jahr aktualisiert.

Kunsthaus Zürich (Hrg.): Dreißiger Jahre Schweiz, Zürich 1981. Ausstellungskatalog: Architektur und Kunst zwischen Le Corbusier und Nationalsozialismus.

Kurz, Hans Rudolf: Die Schweizer Armee heute, Thun 1976. Offizielles Standardwerk.

Kurz, Hans Rudolf: Schweizerschlachten, Bern 1962. Bewaffnung und Kampfweise der alten Eidgenossen.

Langendorf, Jean-Jacques: Guillaume-Henri Dufour, Zürich 1987. Ein großer Schweizer in der Zeit des Sonderbundkriegs.

McRae, Kenneth D.: Switzerland, Waterloo, Ontario, Kanada 1983. Teil einer größeren Untersuchung über ‚Conflict and Compromise in Multilingual Societies'.

Mesmer, Beatrix (Red.): Geschichte der Schweiz und der Schweizer, Basel 1986. Wirtschafts- und Sozialgeschichte stärker berücksichtigt als in andern Werken.

Pichard, Alain: La Suisse dans tous ses Etats, Lausanne 1987. Die Kantone, liebevoll und sachkundig dargestellt.

Rougemont, Denis de: Die Schweiz, Modell Europas, Wien-München 1965. Die Idee einer europäischen Föderation; gut geschrieben, schlecht übersetzt.

Schläpfer, Robert (Hrg.): Die viersprachige Schweiz, Zürich und Köln 1982. Sprachgeschichte und Sprachgebiete.

Schwander, Marcel: Jura – Konfliktstoff für Jahrzehnte, Zürich 1977. Über die Gründung des jüngsten Schweizerkantons.

Schwander, Marcel: Notizen aus der Westschweiz, Basel 1983. Die vielfältige französische Schweiz und ihre Beziehungen zur Deutschschweiz.

Tschäni, Hans: Wem gehört die Schweiz? Zürich und Schwäbisch Hall, 1986. Kritik am Bodenrecht und an der Verteilung des Grundeigentums.

Urner, Klaus: General Henri Guisan, Zürich 1990. Die Schweiz im Zweiten Weltkrieg.

Widmer, Sigmund: Geschichte der Schweiz, Zürich 1977. Populäre Darstellung, illustriert.

Wolf, Walter: Faschismus in der Schweiz, Zürich 1969. Eines von mehreren Werken über die Schweiz zur Zeit des Nationalsozialismus.

Ziegler, Jean: Die Schweiz wäscht weißer, München 1990. Die jüngsten Wirtschaftsskandale kritisch dargestellt.

# Aktuelle Länderkunden
## in der Beck'schen Reihe

*Hinweis:* In Zusammenarbeit mit dem Evangelischen Bildungswerk Regensburg bietet das Beratungszentrum „Reisen mit Einsicht" länderspezifische Seminare für sanftes Reisen an. Anschrift: Dr. Erwin Aschenbrenner, 8400 Regensburg, Hemauerstr. 3. Siehe auch: „Der neue Tourismus. Rücksicht auf Land und Leute" (Beck'sche Reihe 408).

*Politisches Lexikon Afrika,* hrsg. von R. Hofmeier/
  M. Schönborn (BsR 810)
*Algerien* s. Maghreb
*Politisches Lexikon Asien, Australien, Pazifik,* hrsg. von
  W. Draguhn/R. Hofmeier/M. Schönborn (BsR 827)
*Das Baltikum: Estland, Lettland, Litauen*
  von K. Ludwig (BsR 841)
*Belgien,* von J. Schilling/R. Täubrich (BsR 829)
*Bhutan,* von H. Wilhelmy (BsR 830)
*Bolivien,* von T. Pampuch/A. Echalar A. (BsR 813)
*Brasilien,* von M. Wöhlcke (BsR 804)
*China,* von O. Weggel (BsR 807)
*Cypern,* von K. Hillenbrand (BsR 837)
*Kleines England-Lexikon,* von P. Fischer/G. P. Burwell
  (BsR 814)
*Estland* s. Baltikum
*Frankreich,* hrsg. von G. Haensch/H. J. Tümmers (BsR 831)
*Kleines Frankreich-Lexikon,* von G. Haensch/P. Fischer
  (BsR 802)
*Griechenland,* von B. Bockhoff (BsR 808)
*Großbritannien,* von H. Händel/I. Friebel (BsR 835)
*Indien,* von K. Gräfin v. Schwerin (BsR 820)

*Indochina,* von O. Weggel (BsR 809)
*Irland,* von M. P. Tieger (BsR 801)
*Italien,* von C. Chiellino/F. Marchio/G. Rongoni (BsR 821)
*Kleines Italien-Lexikon,* von C. Chiellino (BsR 819)
*Japan,* von M. Pohl (BsR 836)
*Jugoslawien,* von C. v. Kohl (BsR 832)
*Korea,* von H. W. Maull/I. M. Maull (BsR 812)
*Politisches Lexikon Lateinamerika,* hrsg. von P. Waldmann/
    U. Zelinsky (BsR 221)
*Lettland* s. Baltikum
*Litauen* s. Baltikum
*Politisches Lexikon Nahost,* hrsg. von U. Steinbach/
    R. Hofmeier/M. Schönborn (BsR 199)
*Maghreb: Marokko, Algerien, Tunesien,* von W. Herzog
    (BsR 834)
*Marokko* s. Maghreb
*Nepal,* von W. Donner (BsR 833)
*Niederlande,* von J. Schilling/R. Täubrich (BsR 817)
*Nigeria,* von S. Pohly-Bergstresser/H. Bergstresser (BsR 839)
*Norwegen,* von G. Austrup/U. Quack (BsR 828)
*Kleines Österreich-Lexikon,* von S. Gassner/
    W. Simonitsch (BsR 815)
*Peru,* von E. v. Oertzen (BsR 822)
*Philippinen,* von R. Hanisch (BsR 816)
*Portugal,* von G. und A. Decker (BsR 806)
*Schweden,* von G. Austrup (BsR 818)
*Schweiz,* von M. Schwander (BsR 840)
*Sowjetunion 1 und 2,* von W. Feichtner/B. Seyr (BsR 245/246)
*Spanien,* von W. Herzog (BsR 811)
*Kleines Spanien-Lexikon,* von G. Haensch/
    G. Haberkamp de Antón (BsR 825)
*Tibet,* von K. Ludwig (BsR 824)
*Tunesien* s. Maghreb
*Türkei,* von F. Şen (BsR 803)
*Kleines USA-Lexikon,* von J. Redling (BsR 826)

*Buchanzeigen*

Europa und die Geschichte seiner Länder im Verlag
C. H. Beck (Eine Auswahl)

### *Gordon A. Craig*
### Geschichte Europas 1815–1980

Vom Wiener Kongreß bis zur Gegenwart
3. völlig überarbeitete und revidierte Auflage 1989.
706 Seiten mit 101 Abbildungen. Leinen.

### *Walther L. Bernecker u. a.*
### Spanien-Lexikon

Wirtschaft, Politik, Kultur, Gesellschaft
1990. 528 Seiten. Zahlreiche Karten, Übersichten und Tabellen. Leinen

### *Moses I. Finley/Denis Mack Smith/Christopher Duggan*
### Geschichte Siziliens und der Sizilianer

Aus dem Englischen übersetzt von Kai Brodersen.
1989. 312 Seiten, 22 Abbildungen. Gebunden

### *Jörg K. Hoensch*
### Geschichte Böhmens

Von der slawischen Landnahme bis ins 20. Jahrhundert
1987. 567 Seiten. 5 Karten und 3 Schautafeln. Leinen

### *Edgar Hösch*
### Geschichte der Balkanländer

Von der Frühzeit bis zur Gegenwart
1988. 335 Seiten. Leinen

### *Alexander Demandt (Hrsg.)*
### Deutschlands Grenzen in der Geschichte

Unter Mitarbeit von Reimer Hansen, Ilja Mieck, Josef Riedmann, Hans-Dietrich Schultz, Helmut Wagner und Klaus Zernack
1990. 279 Seiten. Leinen

Verlag C. H. Beck München

*Gerhard Köbler*
Historisches Lexikon der deutschen Länder
Die deutschen Territorien vom Mittelalter bis zur Gegenwart
2. verbesserte Auflage 1989. XXXIV, 639 Seiten. Leinen

*Siegfried Lauffer (Hrsg.)*
Griechenland Lexikon der historischen Stätten
Von den Anfängen bis zur Gegenwart
1989. 775 Seiten. Leinen

*Guiliano Procacci*
Geschichte Italiens und der Italiener
Aus dem Italienischen übersetzt von Friederike Hausmann.
Nachdruck 1989. 419 Seiten. Leinen
Beck'sche Sonderausgabe

*Gottfried Niedhart (Hrsg.)*
Einführung in die englische Geschichte
Von Heiner Haan, Karl-Friedrich Krieger und Gottfried Niedhart.
1982. 326 Seiten. Broschiert

*Karl-Friedrich Krieger*
Geschichte Englands von den Anfängen bis
zum 15. Jahrhundert
Band 1: Geschichte Englands
1990. etwa 280 Seiten. Broschiert

*Karlheinz Blaschke*
Geschichte Sachsens im Mittelalter
1990. Ca. 400 Seiten, 78 Abbildungen 15 Karten.
Leinen

Verlag C. H. Beck München